佛敎書院①受持讀誦

예불독송집

나무 청정법신 비로자나불
南無 淸淨法身 毘盧遮那佛

나무 원만보신 노사나불
南無 圓滿報身 盧舍那佛

나무 천백억화신 석가모니불
南無 千百億化身 釋迦牟尼佛

차 례

🔸 예경편

1. **도량석** 道場釋 ·············· 11
   (1) 화엄경약찬게 ·············· 13

2. **종 송** 鐘頌
   (1) 새벽종송 ·············· 19
      • 장엄염불 ·············· 21
   (2) 저녁종송 ·············· 37

3. **조석예불** 朝夕禮佛
   (상단예불) ·············· 38
   (1) 칠정례 ·············· 40
   (2) 발 원 ·············· 44
      ① 행선축원 ·············· 44
         우리말 행선축원 ·············· 46
      ② 이산선사 발원문 ·············· 48
   (중단예경)
   (1) 신중단예경 ·············· 54
   (2) 반야심경 ·············· 57
      우리말 반야심경 ·············· 59
   (각단예불 및 정근)
   (1) 미타전 예불·정근 ·············· 61
   (2) 약사전 예불·정근 ·············· 64
   (3) 관음전 예경·정근 ·············· 67
   (4) 지장전 예경·정근 ·············· 71
   (5) 나한전 예경·정근 ·············· 74
   (6) 산신단 예경·정근 ·············· 77
   (7) 용왕단 예경·정근 ·············· 80

🔹 불공편
1. 사시불공 巳時佛供 ... 85
- 상단불공 (삼보통청) ... 85
  - (1) 천수경 ... 86
    - 우리말 천수경 ... 105
  - (2) 헌공 칠정례 ... 129
  - (3) 사대주 ... 134
  - (4) 석가모니불 정근 ... 137
    - • 참회게와 회향게 ... 139
- 중단퇴(권)공
  - (1) 예 참 ... 149
  - (2) 신중 정근 ... 153

🔹 독송편
1. 법성게 法性偈 ... 161
2. 무상계 無常戒 ... 165
3. 각종 진언 眞言 ... 176
4. 회심곡 回心曲 ... 181
5. 보왕삼매론 寶王三昧論 ... 194
6. 마음다스리는 글 ... 198

🔹 발원편
1. 신행발원문 ... 201
2. 참회발원문 ... 205
3. 극락왕생발원문(연지대사) ... 209
4. 영가축원문(영가전에) ... 213
5. 태아영가축원문 ... 224
6. 공양발원문 ... 226

기본교리편

1. 수행예절
  (1) 도량 출입예법 ········· 231
  (2) 법당 출입예법 ········· 231
  (3) 불전예법 ········· 231
  (4) 도량 생활예법 ········· 232
  (5) 예배(절) 공덕과 방법 ········· 232
  (6) 불공예법 ········· 233
  (7) 법회예법 ········· 233
  (8) 경전 수지예법 ········· 234

2. 계 율
  (1) 오계 ········· 235
  (2) 보살십중대계 ········· 235

3. 기 도
  (1) 기도의 의미 ········· 235
  (2) 기도의 종류 ········· 236
  (3) 기도의 방법 ········· 237

4. 불 공
  (1) 불공의 의미 ········· 238
  (2) 불공의 종류 ········· 238

5. 천도재
  (1) 천도재의 의미 ········· 239
  (2) 천도재의 종류 ········· 239

6. 수행지침
  (1) 수행정진의 10가지 마음 ········· 240

⑵ 신행의 순서 ·················· 242
⑶ 사홍서원 ···················· 243
⑷ 사 섭 법 ···················· 244
⑸ 사무량심 ···················· 245
⑹ 육바라밀 ···················· 246
⑺ 팔 정 도 ···················· 247
7. 기념일과 십재일 ················ 249
8. 불보살 명호와 의미 ·············· 250
9. 사찰의 건축물 ·················· 257
10. 법 구 ························ 261

법회편

1. 개회선언 • 265
2. 집회가 • 265
3. 삼귀의 • 266
4. 찬양합니다 • 267
5. 반야심경 • 268
6. 청법가 • 269
7. 입 정 • 270
8. 설 법 • 270
9. 정 근 • 270
10. 발원문 봉독 • 270
11. 사홍서원 • 271
12. 산회가 • 272

찬불가편

감로법을 전하자 • 275
관세음의 노래 • 276
극락왕생 하옵소서 • 278
보현행원 • 280
부처님께 귀의합니다 • 282
부처님 오신 날 • 283
부처님 마음일세 • 284
불교도의 노래 • 285
빛으로 돌아오소서 • 286
새법우 환영가 • 287
예불가 • 288
자비방생의 노래 • 290
홀로피는 연꽃 • 292

일러두기

1. 내용 중 "테두리서체"로 표기된 부분(예 "거불")은 읽지 않습니다.

2. 이 법요집은 활자를 최대화하고 의식순서에 맞게 각 편으로 분류하였습니다.

3. 속표지 삽화에 이철수 화백, 간지 삽화에 원성스님, '신행발원문' 故 병고 고익진 교수님, '태아영가축원문'은 황보광화 보살님, '행선축원'은 지리산에서 정진 중이신 일장(日藏)스님, '영가전에'는 성열스님(강남포교원)께서 지으시고 번역하신 것을 사용하였습니다. 사용을 허락해 주신 분들께 감사드립니다.

4. 참고문헌
    - 「통일법요집」 (대한불교진흥원)
    - 「한글 통일법요집」 (대한불교조계종)
    - 「일상의식집」 (큰수레)
    - 「불일보감」 (불일출판사)
    - 「불자독송집」 (해인출판사)
    - 「불교상식백과」 上·下 (불교시대사)

예경편

도량석 목탁·조석예불 종송법

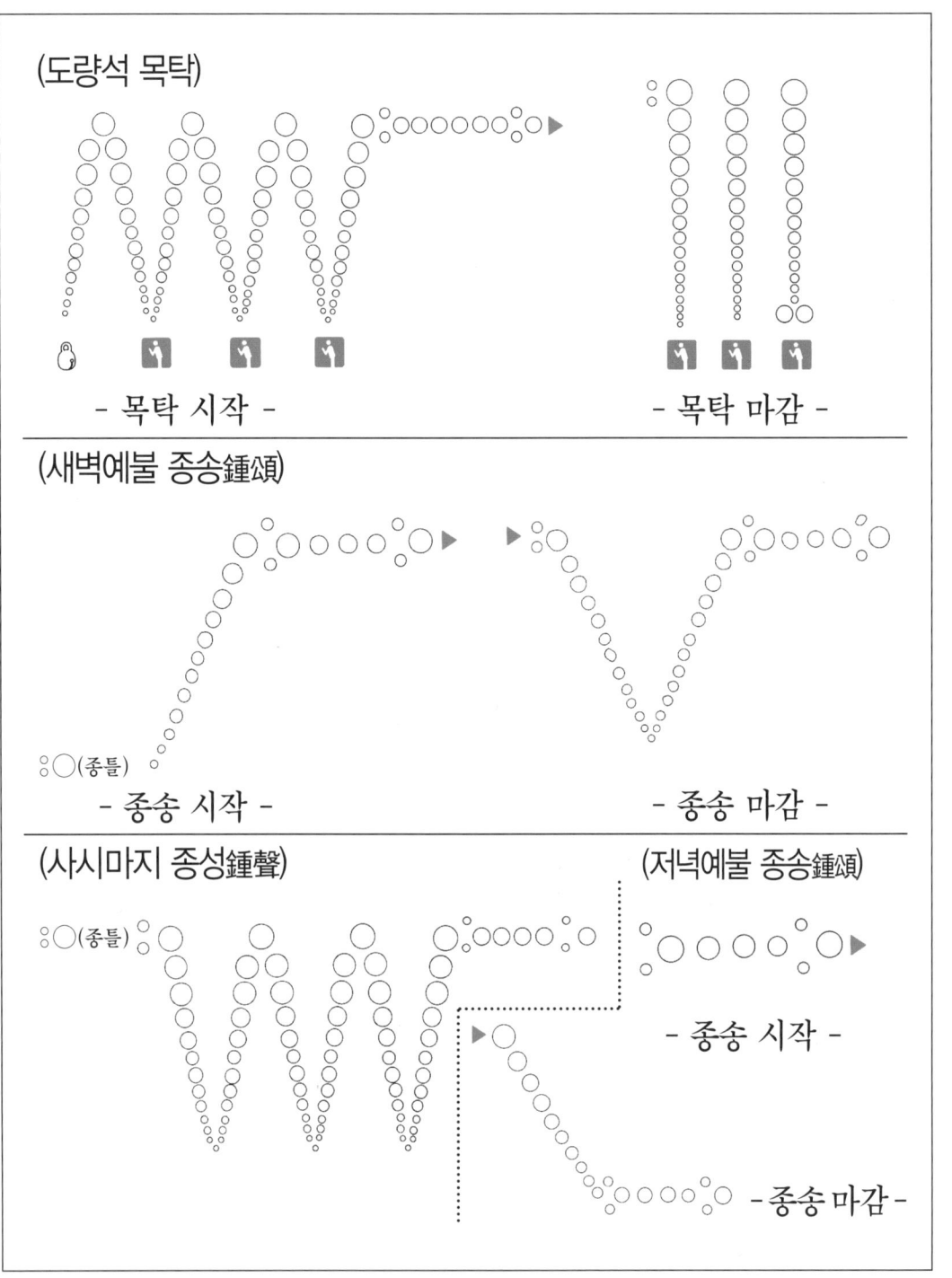

1. 도량석 道場釋

 '목탁소리 울려 어둠에 묻힌 도량을 일깨운다'는 뜻으로 목탁석(木鐸釋)이라고도 말하는 도량석은 새벽에 일어나는 시간을 알리는 첫소리[第一聲]이다. 부전(副殿) 스님이 먼저 일어나 불전에 향과 촛불을 켜고 삼배(三拜)를 올린 뒤 법당 앞으로 나와 목탁을 낮은 소리로부터 시작하여 점점 높게 올렸다 내리기를 세 번 반복한다. 이어서 목탁에 맞추어 경문이나 게송을 외우면서 천천히 도량을 돌면 사부대중이 그 소리를 듣고 일어나 예불 준비를 하게 된다.
 이러한 목탁소리를 들은 도량 안팎의 호법신장이 예불심(禮佛心)을 일으키게 되고, 도량 주위에 있는 짐승과 미물 곤충들은 안심할 수 있는 장소로 들어가 발에 밟히는 피해를 입지 않도록 한다는 의미도 있다. 인도에서는 처음 석장(錫杖)을 울리며 도량을 돌았고, 그 뒤로 방울, 요령을 사용하여 오다가 현재의 목탁석을 하기에 이른 것이다.

 목탁석을 할 때 외우는 염불은 경(經)·율(律)·론(論) 가운데 모두 좋으나 주로 **"천수경, 사대주, 약찬게, 법성게 등 필요에 따라 선택하여 사용"**한다. 도량석을 마칠 때는 염불이 끝날 때쯤 법당앞 가운데문(어간문)에 이르러 목탁을 세 번 내림목탁으로 내려치고 마친다.

(1) 화엄경 약찬게 華嚴經略纂偈

정구업진언 (입으로 지은 업을 깨끗이 하는 진언)
淨口業眞言

『수리수리 마하수리 수수리 사바하』(3번)

오방내외안위제신진언 (다섯 방향의 호법선신을 평안히 좌정케하는 진언)
五方內外安慰諸神眞言

『나무 사만다 못다남 옴 도로도로 지미 사바하』(3번)

개경게 (경전을 펼치며 서원하는 게송)
開經偈

무상심심미묘법 無上甚深微妙法	가장높고 미묘하고 깊고깊은 부처님법
백천만겁난조우 百千萬劫難遭遇	백천만겁 지나도록 만나뵙기 어려워라.
아금문견득수지 我今聞見得受持	제가이제 다행히도 보고듣고 지니오니
원해여래진실의 願解如來眞實意	부처님의 진실한뜻 바로알길 원합니다.

개법장진언 (진리의 곳간을 여는 진언)
開法藏眞言

『옴 아라남 아라다』(3번)

대방광불화엄경 용수보살약찬게
大方廣佛華嚴經 龍樹菩薩略纂偈

※ '39품'으로 구성된 80권의 「화엄경」이 너무 방대하기에 용수보살께서 모든 불자들이 대승경전의 꽃이라 할 화엄경을 만나는 공덕을 지을 수 있도록, 경전에 등장하는 보살과 신중의 명호와 각 품의 명칭을 112구 784자로 요약한 게송

나무화장세계해 　　비로자나진법신
南無華藏世界海 　　毘盧遮那眞法身

현재설법노사나 　　석가모니제여래
現在說法盧舍那 　　釋迦牟尼諸如來

과거현재미래세 　　시방일체제대성
過去現在未來世 　　十方一切諸大聖

근본화엄전법륜 　　해인삼매세력고
根本華嚴轉法輪 　　海印三昧勢力故

보현보살제대중 　　집금강신신중신
普賢菩薩諸大衆 　　執金剛神身衆神

족행신중도량신 　　주성신중주지신
足行神衆道場神 　　主城神衆主地神

주산신중주림신 　　주약신중주가신
主山神衆主林神 　　主藥神衆主稼神

주하신중주해신 　　주수신중주화신
主河神衆主海神 　　主水神衆主火神

주풍신중주공신 주방신중주야신
主風神衆主空神 主方神衆主夜神

주주신중아수라 가루라왕긴나라
主晝神衆阿修羅 迦樓羅王緊那羅

마후라가야차왕 제대용왕구반다
摩睺羅伽夜叉王 諸大龍王鳩槃茶

건달바왕월천자 일천자중도리천
乾闥婆王月天子 日天子衆忉利天

야마천왕도솔천 화락천왕타화천
夜摩天王兜率天 化樂天王他化天

대범천왕광음천 변정천왕광과천
大梵天王光音天 遍淨天王廣果天

대자재왕불가설
大自在王不可說

보현문수대보살 법혜공덕금강당
普賢文殊大菩薩 法慧功德金剛幢

금강장급금강혜 광염당급수미당
金剛藏及金剛慧 光焰幢及須彌幢

대덕성문사리자 급여비구해각등
大德聲聞舍利子 及與比丘海覺等

우바새장우바이 선재동자동남녀
優婆塞長優婆夷 善財童子童男女

기수무량불가설 선재동자선지식
其數無量不可說 善財童子善知識

문수사리최제일 덕운해운선주승
文殊舍利最第一 德雲海雲善住僧

미가해탈여해당 휴사비목구사선
彌伽解脫與海幢 休舍毘目瞿沙仙

승열바라자행녀 선견자재주동자
勝熱婆羅慈行女 善見自在主童子

구족우바명지사 법보계장여보안
具足優婆明智士 法寶髻長與普眼

무렴족왕대광왕 부동우바변행외
無厭足王大光王 不動優婆遍行外

우바라화장자인 바시라선무상승
優婆羅華長者人 婆施羅船無上勝

사자빈신바수밀 비슬지라거사인
獅子嚬伸婆須密 毘瑟祇羅居士人

관자재존여정취 대천안주주지신
觀自在尊與正趣 大天安住主地神

바산바연주야신 보덕정광주야신
婆珊婆演主夜神 普德淨光主夜神

희목관찰중생신 보구중생묘덕신
喜目觀察衆生神 普救衆生妙德神

적정음해주야신	수호일체주야신
寂靜音海主夜神	守護一切主夜神
개부수화주야신	대원정진력구호
開敷樹華主夜神	大願精進力救護
묘덕원만구바녀	마야부인천주광
妙德圓滿瞿婆女	摩耶夫人天主光
변우동자중예각	현승견고해탈장
遍友童子衆藝覺	賢勝堅固解脫長
묘월장자무승군	최적정바라문자
妙月長者無勝軍	最寂靜婆羅門者
덕생동자유덕녀	미륵보살문수등
德生童子有德女	彌勒菩薩文殊等
보현보살미진중	어차법회운집래
普賢菩薩微塵衆	於此法會雲集來
상수비로자나불	어련화장세계해
常隨毘盧遮那佛	於蓮華藏世界海
조화장엄대법륜	시방허공제세계
造化莊嚴大法輪	十方虛空諸世界
역부여시상설법	육육육사급여삼
亦復如是常說法	六六六四及與三
일십일일역부일	세주묘엄여래상
一十一一亦復一	世主妙嚴如來相

보현삼매세계성	화장세계노사나
普賢三昧世界成	華藏世界盧舍那
여래명호사성제	광명각품문명품
如來名號四聖諦	光明覺品問明品
정행현수수미정	수미정상게찬품
淨行賢首須彌頂	須彌頂上偈讚品
보살십주범행품	발심공덕명법품
菩薩十住梵行品	發心功德明法品
불승야마천궁품	야마천궁게찬품
佛昇夜摩天宮品	夜摩天宮偈讚品
십행품여무진장	불승도솔천궁품
十行品與無盡藏	佛昇兜率天宮品
도솔천궁게찬품	십회향급십지품
兜率天宮偈讚品	十廻向及十地品
십정십통십인품	아승지품여수량
十定十通十忍品	阿僧祇品與壽量
보살주처불부사	여래십신상해품
菩薩住處佛不思	如來十身相海品
여래수호공덕품	보현행급여래출
如來隨好功德品	普賢行及如來出
이세간품입법계	시위십만게송경
離世間品入法界	是爲十萬偈頌經

삼십구품원만교 풍송차경신수지
三十九品圓滿敎　諷誦此經信受持

초발심시변정각 안좌여시국토해
初發心時便正覺　安坐如是國土海

시명비로자나불
是名毘盧遮那佛

> ※도량석道場釋시 '**천수경(p86)**'을 주로 독송하지만 '**사대주(p134), 화엄경 약찬게, 법성게(p161)**' 등을 선택하여 독송할 때는 천수경 시작부분인 '**정구업진언**' ~ '**개법장진언**' 까지 먼저 독송한 후에 이어주어야 한다.

一	微	塵	中	含	十	初	發	心	時	便	正	覺	生
一	量	無	是	卽	方	成	益	寶	雨	議	思	不	死
卽	無	遠	劫	念	一	別	生	佛	普	賢	大	人	涅
多	劫	九	量	卽	切	生	滿	海	人	能	境	般
切	十	世	無	一	塵	隔	虛	印	三	昧	中	出	常
一	世	十	是	念	亂	空	分	無	然	冥	事	繁	共
卽	互	相	卽	仍	不	衆	生	隨	器	得	利	理	和
一	相	二	無	融	圓	性	法	回	際	本	還	者	是
一	諸	智	所	知	非	法	佛	息	盡	寶	莊	行	故
中	法	證	甚	性	眞	餘	爲	妄	無	隨	家	嚴	界
多	不	切	深	極	微	境	名	想	尼	分	歸	法	實
中	動	一	絶	相	無	妙	不	必	羅	得	資	意	寶
一	本	來	寂	無	明	不	動	不	得	陀	以	如	殿
中	一	性	緣	隨	性	自	不	來	舊	床	無	緣	善	巧
											道	中	際	實	坐

화엄일승법계도 華嚴一承法界圖 (의상대사께서 법성게를 도상화 한 것)

2. 종송 鐘頌

종송은 미망迷妄에 빠진 중생을 깨워주며, 지옥고를 받는 모든 혼령들에게 아미타불의 위신력과 극락세계의 장엄을 설하여 불보살님께 귀의 발원하게 함으로써 왕생극락[善道]케 하는 의식이다.
"종송이 끝나면 이어서 법고 대종(아침에는 욕계 6천, 색계 18천, 무색계 4천의 중생을 위해 28회, 저녁에는 욕계 6천 중 도리천의 제석천을 중심으로 4방에 있는 8천의 중생을 위해 33회), **목어, 운판을 치고 소종(법당종)을 내린 후 예불"**을 모신다.

(1) 새벽종송

원차종성변법계
願 此 鐘 聲 遍 法 界

원컨대 이 종소리
법계에 두루하여

철위유암실개명
鐵 圍 幽 暗 悉 皆 明

철위산의 깊고 어두운
무간지옥 다 밝아지며

삼도이고파도산
三 途 離 苦 破 刀 山

지옥아귀 축생의 고통을
여의고 도산지옥 무너지며

일체중생성정각
一 切 衆 生 成 正 覺

모든중생 바른깨달음
이루어지이다.

나무비로교주
南 無 毘 盧 教 主

연화장 세계의
자비로운 교주이신

화장자존
華 藏 慈 尊

비로자나 부처님께옵서

연보게지금문
演寶偈之金文
게송으로 위없는 법 설하시고

포낭함지옥축
布琅函之玉軸
진리의 옥축(두루말이)을 두루 펼치시나니

진진혼입찰찰원융
塵塵混入刹刹圓融
티끌과 티끌이 서로 들며 국토와 국토가 원융무애한

십조구만오천사십팔자
十兆九萬五千四十八字
십조구만오천사십팔 자의

일승원교
一乘圓敎
일승원교인 화엄경에 귀의하옵니다.

『대방광불화엄경』 (3번)
大方廣佛華嚴經

약인욕요지
若人欲了知
만일 사람이 삼세일체 부처님을

삼세일체불
三世一切佛
온전히 알고자 할진대

응관법계성
應觀法界性
응당 법계의 성품을 관할지니

일체유심조
一切唯心造
일체가 오직 마음으로 지은 것이나이다.

파지옥진언 (지옥을 깨뜨리는 진언)
破地獄眞言

『나모 아다 시지남 삼먁 삼못다 구치남
옴 아자나 바바시 지리지리 훔』(3번)

장엄염불 莊嚴念佛
(극락정토 아미타부처님께 귀의하고 그 세계를 장엄하게 찬탄하는 염불)

※ 사찰 형편에 따라 가감할 수 있으며, 도량석으로 사용할 시는 후렴("나무아미타불")을 하지 않습니다.

원아진생무별념 願我盡生無別念	이 목숨 다하도록 오직 한 생각으로
아미타불독상수 阿彌陀佛獨相隨	아미타 부처님만 따르옵니다.
심심상계옥호광 心心常係玉毫光	생각마다 거룩한 옥호광명 잊지 않고
염념불리금색상 念念不離金色相	생각마다 부처님의 금빛 몸을 사모합니다.
아집염주법계관 我執念珠法界觀	내가 지금 염주 돌리며 법계를 두루보고
허공위승무불관 虛空爲繩無不貫	허공으로 줄을 삼아 모두 다 꿰고보니
평등사나무하처 平等舍那無何處	노사나불 평등한 성품 없는 곳 없고

관구서방아미타 (觀求西方阿彌陀)
언제나 서방정토 아미타불 관하면서 뵙고자 합니다.

나무서방대교주 (南無西方大敎主)
극락세계 대교주이신

무량수여래불 (無量壽如來佛)
무량수여래불께 절합니다.

『나무아미타불…』(10회) (南無阿彌陀佛)
아미타 부처님께 귀의합니다.

극락세계십종장엄 (극락세계 10가지 장엄)
極樂世界十種莊嚴

법장서원수인장엄 나무아미타불 (法藏誓願修因莊嚴)
법장비구 수행할 때 서원으로 장엄하고

사십팔원원력장엄 나무아미타불 (四十八願願力莊嚴)
마흔여덟 원력으로 거룩하게 장엄하여

미타명호수광장엄 나무아미타불 (彌陀名號壽光莊嚴)
아미타불 명호로 무량수명 장엄하고

삼대사관보상장엄 나무아미타불 (三大士觀寶傷莊嚴)
세분 스승 큰 성인의 거룩한 상호 장엄하며

미타국토안락장엄 나무아미타불 (彌陀國土安樂莊嚴)
아미타불 그 국토를 안락으로 장엄하고

보하청정덕수장엄 나무 맑고 맑은 보배강물
寶河淸淨德修莊嚴 아미타불 공덕수로 장엄하며

보전여의누각장엄 나무 여의주 보배로
寶殿如意樓閣莊嚴 아미타불 누각을 장엄하고

주야장원시분장엄 나무 낮과 밤이 길어
晝夜長遠時分莊嚴 아미타불 시간장엄 하였고

이십사락정토장엄 나무 스물네가지 즐거움으로
二十四樂淨土莊嚴 아미타불 정토장엄 이루었고

삼십종익공덕장엄 나무 서른가지 이익으로
三十種益功德莊嚴 아미타불 공덕장엄 이루셨네.

석가여래팔상성도 (석가여래 8단계 성도의 길)
釋迦如來八相成道

도솔내의상 나무 도솔천에서 흰코끼리를 타고
兜率來儀相 아미타불 인간세상에 오시어 마야부인
의 모태에 드시었고

비람강생상 나무 4월 8일 룸비니 동산에
毘藍降生相 아미타불 탄생하시었으며

사문유관상 나무 사대문에서 세상 구경하고
四門遊觀相 아미타불 무상을 깨달으셨고

유성출가상 나무 2월 8일 밤중에 성을 넘어
踰城出家相 아미타불 출가하시었으며

설산수도상 나무아미타불
雪山修道相
설산에서 6년 동안
구도의 길을 걸으셨고

수하항마상 나무아미타불
樹下降魔相
12월 8일 보리수 아래서
마군을 항복받아 도를
깨달으셨으며

녹원전법상 나무아미타불
鹿苑轉法相
녹야원에서 5비구들에게
처음으로 설법하셨고

쌍림열반상 나무아미타불
雙林涅槃相
2월 15일 사라쌍수 아래서
열반에 드시었나이다.

다생부모십종대은 (다생겁의 부모님께 입은 10가지 큰 은혜)
多生父母十種大恩

회탐수호은 나무아미타불
懷耽守護恩
뱃속에 있을 때 목숨 걸고
보호해 주신 은혜

임산수고은 나무아미타불
臨産受苦恩
낳으실 때 산고의 괴로움을
참으신 은혜

생자망우은 나무아미타불
生子忘憂恩
자식을 낳고 근심을
잊으신 은혜

연고토감은 나무아미타불
咽苦吐甘恩
쓴 것은 삼키고 단 것은
먹여 주신 은혜

회건취습은 나무아미타불
廻乾就濕恩
마른자리 아기뉘고
젖은자리 나아가신 은혜

유포양육은 나무아미타불
乳哺養育恩
젖을 먹여 이 몸 길러주신 은혜

세탁부정은 나무아미타불
洗濯不淨恩
오줌 똥 더러운 것 싫다 않고 씻어주신 은혜

원행억념은 나무아미타불
遠行憶念恩
집 떠나 먼길 가면 올 때까지 걱정하신 은혜

위조악업은 나무아미타불
爲造惡業恩
자식 위해 험한 일도 마다하지 않으신 은혜

구경연민은 나무아미타불
究敬憐愍恩
어른이 되어 장성해도 언제나 가엾이 여기신 은혜

오종대은명심불망
五種大恩銘心不忘 (마음으로 명심할 다섯가지 큰은혜)

각안기소국왕지은 나무아미타불
各安其所國王之恩
편안한 삶 지켜주신 이 나라의 크신 은혜

생양구로부모지은 나무아미타불
生養領勞父母之恩
낳으시고 키워주신 부모님의 크신 은혜

유통정법사장지은 나무아미타불
流通正法師長之恩
바른진리 깨쳐주신 스승님의 크신 은혜

사사공양단월지은 나무아미타불
四事供養檀越之恩
가지가지 공양하신 시주님의 크신 은혜

탁마상성붕우지은 나무아미타불 경책으로 키워주신 법우님의 크신 은혜
琢磨相成朋友之恩

당가위보유차념불 나무아미타불 그 은혜를 갚으려면 오직 한길 염불이오
當可爲報唯此念佛

아미타불재하방 나무아미타불 거룩하신 아미타불 어느곳에 계시나이까
阿彌陀佛在何方

착득심두절막망 나무아미타불 마음으로 간절히 생각하여 잊지 말아라.
着得心頭切莫忘

염도념궁무념처 나무아미타불 생각하고 생각하여 생각없는 곳에 이르면
念到念窮無念處

육문상방자금광 나무아미타불 여섯 문이 어느때나 자금색 광명 놓으리라.
六門常放紫金光

청산첩첩미타굴 나무아미타불 첩첩한 푸른 산은 아미타불의 도량이요
靑山疊疊彌陀窟

창해망망적멸궁 나무아미타불 푸른바다 아득하니 적멸의 보궁이네
蒼海茫茫寂滅宮

물물염래무가애 나무아미타불 세상사 모든 것에 걸림없나니
物物拈來無絡碍

기간송정학두홍 나무아미타불 정자에 붉은 학머리 몇번이나 보았던가
幾看松亭鶴頭紅

한글 독음	한자	후렴	번역
극락당전만월용	極樂堂前滿月容	나무아미타불	극락세계 보궁의 보름달 같은 아미타불
옥호금색조허공	玉毫金色照虛空	나무아미타불	금빛 몸 백호광명 허공을 비추시네
약인일념칭명호	若人一念稱名號	나무아미타불	누구나 일념으로 아미타불 부르오면
경각원성무량공	頃刻圓成無量功	나무아미타불	찰나간에 무량공덕 원만히 이루리라
삼계유여급정륜	三界猶如汲井輪	나무아미타불	삼계는 우물 속의 두레박과 같으니
백천만겁역미진	百千萬劫歷微塵	나무아미타불	백천만겁 지내온 것 티끌과도 같아라
차신불향금생도	此身不向今生度	나무아미타불	금생에 이 몸이 도를 얻지 못하면
갱대하생도차신	更待何生度此身	나무아미타불	어느 생에 다시금 이 몸을 구제하리
찰진심념가수지	刹塵心念可數知	나무아미타불	세상의 티끌을 다 헤아려 알고
대해중수가음진	大海中水可飮盡	나무아미타불	바닷물 한 모금에 남김없이 마실 수 있으며

한글 (한자)	후렴	해석
허공가량풍가계 (虛空可量風可繫)	나무아미타불	허공의 양을 알고 바람을 묶는 재주라도
무능진설불공덕 (無能盡說佛功德)	나무아미타불	부처님의 참 공덕 다 말할 수 없네.
산당정야좌무언 (山堂靜夜坐無言)	나무아미타불	고요한 밤 산당에 말없이 앉았으니
적적요요본자연 (寂寂寥寥本自然)	나무아미타불	고요하고 고요하여 본래자연 그대로다
하사서풍동림야 (何事西風動林野)	나무아미타불	무슨 일로 서쪽 바람이 숲과들을 움직이는고
일성한안여장천 (一聲寒雁唳長天)	나무아미타불	찬겨울 기러기 울음소리 끝없는 하늘을 울리네
보화비진요망연 (報化非眞了妄緣)	나무아미타불	보신화신 참아니라 망연인줄 알고보면
법신청정광무변 (法身淸淨廣無邊)	나무아미타불	법신만이 청정하여 크고넓기 끝이없네
천강유수천강월 (千江有水千江月)	나무아미타불	일천개의 강물에는 일천개의 달비치고
만리무운만리천 (萬里無雲萬里天)	나무아미타불	일만리에 구름없어 온하늘이 푸르러라

천상천하무여불 나무아미타불 천상천하 어느누가
天上天下無如佛 부처님과 견주오리

시방세계역무비 나무아미타불 시방세계 둘러봐도
十方世界亦無比 비길자가 전혀없고

세간소유아진견 나무아미타불 이세상의 모든것을
世間所有我盡見 남김없이 살펴봐도

일체무유여불자 나무아미타불 부처님을 따를자가
一切無有如佛者 천지간에 하나없네

세존당입설산중 나무아미타불 세존께서 설산에
世尊當入雪山中 들어가시어

일좌부지경육년 나무아미타불 한번 좌정하니 여섯 해가
一坐不知經六年 지남을 알지 못했도다

인견명성운오도 나무아미타불 샛별을 봄으로 인하여
因見明星云悟道 도를 깨치셨으니

언전소식변삼천 나무아미타불 말씀하신 소식 삼천대천
言詮消息遍三千 세계에 두루하도다

원각산중생일수 나무아미타불 원만한 깨달음의 산중에
圓覺山中生一樹 한 나무가 나서

개화천지미분전 나무아미타불 천지가 나뉘기 전에
開化天地未分前 꽃이 피었으되

비청비백역비흑 非青非白亦非黑	나무아미타불	푸르지 않고 희지 않고 또한 검지도 아니하며
부재춘풍부재천 不在春風不在天	나무아미타불	봄바람에도 있지 아니하고 하늘에도 있지 않도다
천척사륜직하수 千尺絲綸直下垂	나무아미타불	일천 자나 되는 낚시줄을 곧바로 내려뜨리고
일파자동만파수 一波纔動萬波隨	나무아미타불	한 물결 움직임에 만 갈래 물결이 따르나니
야정수한어불식 夜靜水寒魚不食	나무아미타불	밤은 고요하고 물 차가워 고기가 물지 아니하고
만선공재월명귀 滿船空載月明歸	나무아미타불	빈배에 달빛만 가득 싣고 돌아가도다
지옥도중수고중생 地獄途中受苦衆生	나무아미타불	지옥도중 수고중생
아귀도중수고중생 餓鬼途中受苦衆生	나무아미타불	아귀도중 수고중생
축생도중수고중생 畜生途中受苦衆生	나무아미타불	축생도중 수고중생
문차종성이고득락 聞此鐘聲離苦得樂	나무아미타불	종성듣고 기쁨얻네.

원공법계제중생 나 무 아미타불
願共法界諸衆生

원컨대 시방법계
모든 중생들이

동입미타대원해 나 무 아미타불
同入彌陀大願海

아미타불의 원력바다에
모두함께 들어가서

진미래제도중생 나 무 아미타불
盡未來際度衆生

미래세 다하도록
중생을 제도하여

자타일시성불도 나 무 아미타불
自他一時成佛道

너와내가 모두함께
무상불도 이루오리다.

나무서방정토
南無西方淨土

서방정토

극락세계
極樂世界

극락세계에

삼십육만억
三十六萬億

삼십육만억

일십일만 구천오백
一十一萬 九千五百

일십일만
구천오백의

동명동호 대자대비
同名同號 大慈大悲

같은 명호를 지니신
대자대비하신

아미타불
阿彌陀佛

아미타 부처님께
귀의합니다.

나무서방정토
南無西方淨土

극락세계 불신장광
極樂世界 佛身長廣

상호무변 금색광명
相好無邊 金色光明

변조법계 사십팔원
遍照法界 四十八願

도탈중생 불가설
度脫衆生 不可說

불가설전 불가설
不可說轉 不可說

항하사 불찰미진수
恒河沙 佛刹微塵數

도마죽위 무한극수
稻麻竹葦 無限極數

삼백육십만억
三百六十萬億

일십일만구천오백
一十一萬九千五百

동명동호 대자대비
同名同號 大慈大悲

서방정토

극락세계에 장대하신
부처님 몸과

끝없는 상호로써
금색광명을 발하여

시방세계에 두루 비추시고
사십팔대원을 세워

중생을 건져주시니
크나큰 그 은혜

헤아릴 수 없고
다 말할 수 없어

강가 모래알 같이
많은 부처님 세계

벼와같고 삼대같고
갈대같은

삼백육십만억

일십일만
구천오백

같은 명호를 지니시고
큰 자비로

아등도사 금색여래
我 等 導 師 金 色 如 來

아미타불
阿 彌 陀 佛

우리의 스승이 되시는
금빛나는 아미타 부처님께
일심으로
귀의합니다.

나무문수보살
南 無 文 殊 菩 薩

문수보살께
일심으로 귀의합니다.

나무보현보살
南 無 普 賢 菩 薩

보현보살께
일심으로 귀의합니다.

나무관세음보살
南 無 觀 世 音 菩 薩

관세음보살께
일심으로 귀의합니다.

나무대세지보살
南 無 大 勢 至 菩 薩

대세지보살께
일심으로 귀의합니다.

나무금강장보살
南 無 金 剛 藏 菩 薩

금강장보살께
일심으로 귀의합니다.

나무제장애보살
南 無 除 障 碍 菩 薩

제장애보살께
일심으로 귀의합니다.

나무미륵보살
南 無 彌 勒 菩 薩

미륵보살께
일심으로 귀의합니다.

나무지장보살
南 無 地 藏 菩 薩

지장보살께
일심으로 귀의합니다.

나무일체청정
南無一切淸淨

대해중 보살마하살
大海衆 菩薩摩訶薩

일체청정 대해중보살께
일심으로 귀의합니다.

원공법계제중생
願共法界諸衆生

동입미타대원해
同入彌陀大願海

원하오니　시방법계
한량없는　모든중생
아미타불　원력바다
모두함께　들어지다.

시방삼세불
十方三世佛

아미타제일
阿彌陀第一

구품도중생
九品度衆生

위덕무궁극
威德無窮極

시방삼세　부처님중
아미타불　제일이니
구품대로　이끄시는
위덕또한　다함없네.

아금대귀의
我今大歸依

참회삼업죄
懺悔三業罪

제가지금　귀의하여
삼업의죄　참회하고

범유제복선 凡有諸福善	모든복덕　모든선을
지심용회향 至心用廻向	지심회향　하나이다.
원동염불인 願同念佛人	원하오니　염불행자
진생극락국 盡生極樂國	극락세계　모두나서
견불요생사 見佛了生死	부처뵙고　생사깨쳐
여불도일체 如佛度一切	중생제도　하사이다.
원아임욕명종시 願我臨欲命終時	이내목숨　다할때에
진제일체제장애 盡除一切諸障碍	온갖장애　사라지고
면견피불아미타 面見彼佛阿彌陀	아미타불　뵙는즉시
즉득왕생안락찰 卽得往生安樂刹	안락국에　왕생하리.

아미타불본심미묘진언 (아미타부처님의 미묘한 마음을 드러낸 진언)
阿彌陀佛本心微妙眞言

『다냐타 옴 아리다라 사바하』(3번)

원이차공덕 願以此功德	원하옵건대 이 공덕을
보급어일체 普及於一切	두루 일체중생에게 회향하오니
아등여중생 我等如衆生	나와 모든 중생이
당생극락국 當生極樂國	모두 극락세계 태어나
동견무량수 同見無量壽	함께 아미타불 뵈옵고
개공성불도 皆共成佛道	위없는 부처님의 도를 깨닫게 하여지이다.

(2) 저녁종송

문종성 번뇌단
聞 鐘 聲 煩 惱 斷

이 종소리를 들어
일체번뇌를 끊고

지혜장 보리생
智 慧 長 菩 提 生

지혜를 길러
보리심 내며

이지옥 출삼계
離 地 獄 出 三 界

지옥을 여의고
삼계를 벗어나

원성불 도중생
願 成 佛 度 衆 生

원컨대 성불하여
일체중생 제도하여지이다.

파지옥진언 (지옥을 깨뜨리는 진언)
破 地 獄 眞 言

『옴 가라지야 사바하』(3번)

3. 조석예불 朝夕禮佛

상단예불 上壇禮佛
불보살님을 모신 상단上壇에 삼보三寶에 귀의하며 축원을 올리는 예경의식

(1) 예불문
禮佛文

인례 　**다　게** (삼보님께 차공양 올리는 게송)　　※ 새벽예불 때 독송
　　　茶　偈

아금청정수　변위감로다
我今淸淨水　變爲甘露茶

봉헌삼보전　원수애납수
奉獻三寶前　願垂哀納受

원수애납수　원수자비애납수
願垂哀納受　願垂慈悲哀納受

저희지금 청정수로 감로차를
만들어서 삼보전에 올리오니
어여삐 여겨 이 정성을 받아주소서.
어여삐 여겨 이 정성을 받아주소서.
어여삐 여겨 자비로써 이 정성을 받아주소서.

오분향례 五分香禮
(삼보님께 다섯가지 향으로 예경하는 게송) ※저녁예불 때 독송

계향 정향 혜향 해탈향 해탈지견향
戒香 定香 慧香 解脫香 解脫知見香

광명운대 주변법계 공양시방
光明雲臺 周遍法界 供養十方

무량불법승
無量佛法僧

지계향을 올리옵고 선정향을 올리오며
지혜향을 올리옵고 해탈향을 올리오며
해탈지견향을 올립니다.
청정도량 광명구름 온법계에 두루비춰
시방세계 한량없는 삼보전에 올립니다.

헌향진언 獻香眞言
(향공양 올리는 진언)

『옴 바아라 도비야 훔』 (3번)

칠정례 (삼보님께 일곱구절로 받들어 올리는 예경) ※ 아침·저녁 예불 때 독송
七 頂 禮

지심귀명례 삼계도사 사생자부
至心歸命禮 三界導師 四生慈父

시아본사 석가모니불
是我本師 釋迦牟尼佛

삼계도사 사생자부 우리들의 스승되신
석가모니 부처님께 지심귀명 하옵니다.

지심귀명례 시방삼세 제망찰해
至心歸命禮 十方三世 帝網刹海

상주일체 불타야중
常住一切 佛陀耶衆

시방삼세 온 누리에 항상계신 부처님께
지심귀명 하옵니다.

지심귀명례 시방삼세 제망찰해
至心歸命禮 十方三世 帝網刹海

상주일체 달마야중
常住一切 達磨耶衆

시방삼세 온 누리에 항상계신 가르침에
지심귀명 하옵니다.

지심귀명례 대지문수사리보살
至心歸命禮 大智文殊舍利菩薩

대행보현보살 대비관세음보살
大行普賢菩薩 大悲觀世音菩薩

대원본존지장보살마하살
大願本尊地藏菩薩摩訶薩

대지혜의 문수사리보살, 대원행의 보현보살,
대자비의 관세음보살, 대원본존 지장보살님께
지심귀명 하옵니다.

지심귀명례 영산당시 수불부촉
至心歸命禮 靈山當時 受佛付囑

십대제자 십육성 오백성 독수성
十大弟子 十六聖 五百聖 獨修聖

내지 천이백제대아라한
乃至 千二百諸大阿羅漢

무량자비성중
無量慈悲聖衆

영산당시 부처님법 부촉 받으신 십대제자,
십육성, 오백성인, 독수성현, 천이백의 대아라한,
무량하신 자비성중께 지심귀명 하옵니다.

지심귀명례 서건동진 급아해동
至心歸命禮 西乾東震 及我海東

역대전등 제대조사 천하종사
歷代傳燈 諸大祖師 天下宗師

일체미진수 제대선지식
一切微塵數 諸大善知識

인도중국 거쳐와서 우리나라 이르도록 밝은불법
전해주신 수많은 역대조사 천하의 대종사님,
많고많은 선지식께 지심귀명 하옵니다.

지심귀명례 시방삼세 제망찰해
至心歸命禮 十方三世 帝網刹海

상주일체 승가야중
常住一切 僧伽耶衆

시방삼세 온누리에 항상계신 승가대중들께
지심귀명 하옵니다.

유원 무진삼보 대자대비 수아정례
唯願 無盡三寶 大慈大悲 受我頂禮

명훈가피력 원공법계제중생
冥薰加被力 願共法界諸衆生

자타일시성불도
自他一時成佛道

원하건대 대자비의 다함없는 삼보시여
저희예경 받으시고 가피력을 내리시어
온법계의 모든중생 너도나도 모두함께
무상불도 이뤄지다.

(2) 발원 發願

불보살님께 예경을 드린후 성불을 향해 보살도를 닦을 것을 서원하는 의식

① 행선축원 行禪祝願

(중생을 위해 조석으로 부처님 전에 올리는 축원으로 통상 아래 4째줄~다음쪽 첫줄까지의 「나옹화상발원문」을 염송함)

[인례]
조석향등헌불전 귀의삼보예금선
朝夕香燈獻佛前 歸依三寶禮金仙

국계안녕병혁소
國界安寧兵革消

천하태평법륜전
天下太平法輪轉

(나옹화상 발원문)

[대중]
원아세세생생처 상어반야불퇴전
願我世世生生處 常於般若不退轉

여피본사용맹지 여피사나대각과
如彼本師勇猛智 如彼舍那大覺果

여피문수대지혜 여피보현광대행
如彼文殊大智慧 如彼普賢廣大行

여피지장무변신 여피관음삽이응
如彼地藏無邊身 如彼觀音卅二應

시방세계무불현 보령중생입무위
十方世界無不現 普令衆生入無爲

문아명자면삼도 견아형자득해탈
聞我名者免三途 見我形者得解脫

여시교화항사겁 필경무불급중생
如是敎化恒沙劫 畢竟無佛及衆生

대중 시방시주원성취 시회대중각복위
十方施主願成就 時會大衆各伏爲

선망부모왕극락 현존사친수여해
先亡父母往極樂 現存師親壽如海

법계고혼이약취
法界孤魂離若趣

산문숙정절비우 사내재앙영소멸
山門肅靜絶悲憂 寺內災殃永消滅

토지천룡호삼보 산신국사보정상
土地天龍護三寶 山神局司補禎祥

준동함령등피안 세세상행보살도
蠢動含靈登彼岸 世世常行菩薩道

구경원성살바야 마하반야바라밀
究竟圓成薩婆若 摩訶般若波羅蜜

나무석가모니불 나무석가모니불
南無釋迦牟尼佛 南無釋迦牟尼佛

나무 시아본사 석가모니불
南無 是我本師 釋迦牟尼佛

우리말 행선축원

[인례]
부처님께 향과등불 조석으로 올리옵고
삼보전에 귀의하여 공경예배 하옵나니
우리나라 태평하고 흉년난리 소멸하여
온세계가 평화로워 부처님법 이뤄지다

[대중]
원하오니 이내몸이 세세생생 날적마다
반야지혜 좋은인연 물러나지 아니하고
우리본사 세존처럼 용맹하신 뜻세우고
비로자나 여래같이 대각과를 이룬뒤에
문수사리 보살처럼 깊고밝은 큰지혜와
보현보살 본을받아 크고넓은 행원으로
넓고넓어 끝이없는 지장보살 몸과같이
천수천안 관음보살 삼십이응 몸을나퉈
시방삼세 넓은세계 두루돌아 다니면서
모든중생 제도하여 열반법에 들게할제
내이름을 듣는이는 삼악도를 벗어나고
내모습을 보는이는 생사번뇌 해탈하고

억천만겁 지나면서 이와같이 교화하여
부처님도 중생들도 모든차별 없어지다

시방삼세 시주님들 모든소원 이뤄지며
지금모인 대중들의 각각모든 복위들인
선망부보 제형숙백 왕생극락 하옵시며
살아계신 은사육친 수명장수 하옵시고
온법계의 애혼고혼 삼도고해 벗어지다

산문도량 정숙하여 근심걱정 끊어지고
도량내의 대소재앙 길이길이 소멸되며
토지천룡 신장님들 삼보님을 호지하고
산신국사 호법신은 상서정기 드높이니
움직이는 모든생령 저언덕에 태어나서
세세생생 언제라도 보살도를 행하여서
구경에는 일체지를 원만하게 이뤄지다.
마하반야바라밀

나무석가모니불 나무석가모니불
나무 시아본사 석가모니불

② 이산선사 발원문
怡山禪師 發願文

시방삼세   부처님과   팔만사천   큰법보와
十方三世   八萬四千   法寶
보살성문   스님들께   지성귀의   하옵나니
菩薩聲聞   至誠歸依
자비하신   원력으로   굽어살펴   주옵소서
慈悲   願力

저희들이

참된성품   등지옵고   무명속에   뛰어들어
性品   無明
나고죽는   물결따라   빛과소리   물이들고
심술궂고   욕심내어   온갖번뇌   쌓았으며
            慾心   煩惱
보고듣고   맛봄으로   한량없는   죄를지어
                                罪
잘못된길   갈팡질팡   생사고해   헤매면서
                    生死苦海
나와남을   집착하고   그른길만   찾아다녀
            執着

여러생에 지은업장 크고작은 많은허물
　　生　　　　業障
삼보전에 원력빌어 일심참회 하옵나니
三寶前　　願力　　一心懺悔
바라옵건대 부처님이 이끄시고 보살님네
　　　　　　　　　　　　　　菩薩
살피옵서 고통바다 헤어나서 열반언덕
　　　　苦痛　　　　　　　　涅槃
가사이다

이세상의 명과복은 길이길이 창성하고
世上　　命 福　　　　　　昌盛
오는세상 불법지혜 무럭무럭 자라나서
世上　　佛法智慧
날적마다 좋은국토 밝은스승 만나오며
　　　　　國土
바른신심 굳게세워 아이로서 출가하여
　信心　　　　　　　　　　出家
귀와눈이 총명하고 말과뜻이 진실하며
　　　　聰明　　　　　　　眞實
세상일에 물안들고 청정범행 닦고닦아
世上　　　　　　清淨梵行
서리같은 엄한계율 털끝인들 범하리까
　　　　嚴 戒律　　　　　犯

점잖은 거동(擧動)으로 모든생명(生命) 사랑하여
이내목숨 버리어도 지성(至誠)으로 보호하리

삼재팔난(三災八難) 만나잖고 불법인연(佛法因緣) 구족(具足)하며
반야지혜(般若智慧) 드러나고 보살(菩薩)마음 견고(堅固)하여
제불정법(諸佛正法) 잘배워서 대승진리(大乘眞理) 깨달은뒤
육바라밀(六波羅蜜) 행(行)을닦아 아승지겁(阿僧祇劫) 뛰어넘고
곳곳마다 설법(說法)으로 천겁만겁 의심(疑心)끊고
마군중(魔軍衆)을 항복(降伏)받고 삼보(三寶)를 뵙사올제
시방제불(十方諸佛) 섬기는일 잠깐인들 쉬오리까

온갖법문(法門) 다배워서 모두통달(通達) 하옵거든
복(福)과지혜(智慧) 함께늘어 무량중생(無量衆生) 제도(濟度)하며

여섯가지	신통얻고 神通	무생법인 無生法印	이룬뒤에
관음보살 觀音菩薩	대자비로 大慈悲	시방법계 十方法界	다니면서
보현보살 普賢菩薩	행원으로 行願	많은중생 衆生	건지올제
여러갈래	몸을나퉈	미묘법문 微妙法門	연설하고 演說
지옥아귀 地獄餓鬼	나쁜곳엔	광명놓고 光明	신통보여 神通
내모양을	보는이나	내이름을	듣는이는
보리마음 菩提	모두내어	윤회고를 輪廻苦	벗어나되
화탕지옥 火湯地獄	끓는물은	감로수로 甘露水	변해지고 變
검수도산 劍樹刀山	날센칼날	연꽃으로	화하여서 化
고통받던 苦痛	저중생들 衆生	극락세계 極樂世界	왕생하며 往生
나는새와	기는짐승	원수맺고	빚진이들
갖은고통 苦痛	벗어나서	좋은복락 福樂	누려지다

모진질병 돌적에는 약풀되어 치료하고
疾病　　　　　　　　藥　　　　治療

흉년드는 세상에는 쌀이되어 구제하되
凶年　　世上　　　　　　　　救濟

여러중생 이익한일 한가진들 빼오리까.
衆生　　利益

천겁만겁 내려오던 원수거나 친한이나
千劫萬劫

이세상의 권속들도 누구누구 할것없이
　　　　眷屬

얽히었던 애정끊고 삼계고해 뛰어나서
　　　　愛情　　三界苦海

시방세계 중생들이 모두성불 하사이다.
十方世界　衆生　　　成佛

허공끝이 있사온들 이내소원 다하리까
虛空　　　　　　　所願

유정들도 무정들도 일체종지 이뤄지이다.
有情　　無情　　一切種智

마하반야바라밀
摩訶般若波羅蜜

나무 석가모니불
南無 釋迦牟尼佛
나무 석가모니불
南無 釋迦牟尼佛
나무 시아본사 석가모니불
南無 是我本師 釋迦牟尼佛

중단예경 中壇禮敬
※ 사찰에 따라 다음의 (1)(2)번을 이어서 독송하거나 선택하여 사용함

(1) 신중단예경 神衆壇禮敬
옹호하는 신중단에 올리는 예경의식

인례

다 게 (차공양 올리는 게송)
茶 偈

※ 「다게」나 다음 쪽의 「헌향진언」 중 하나를 선택하여 집전

청정명다약 능제병혼침
淸淨茗茶藥 能除病昏沈
유기옹호중 원수애납수
唯冀擁護衆 願垂哀納受
원수애납수 원수자비애납수
願垂哀納受   願垂慈悲哀納受

깨끗하고 맑은 이 차 양약과 같아서
질병졸음 모두 없애줄 수 있나니
바라오니 옹호하신 성현들께선
어여삐 여겨 이 차를 받아주소서.
어여삐 여겨 이 차를 받아주소서.
자비로써 어여삐 여겨 이 공양 받아주소서.

헌향진언 (향공양 올리는 진언)
獻香眞言

『옴 바아라 도비야 훔』 (3번)

예참 (예경禮敬과 참회懺悔가 하나인 의식)
禮懺

지심귀명례 진법계허공계 화엄회상
至心歸命禮 盡法界虛空界 華嚴會上

상계욕색제천중
上界欲色諸天衆

온법계 허공계의 화엄회상 상계인 욕색계
하늘의 여러 대중들께 지심귀명 하옵니다.

지심귀명례 진법계허공계 화엄회상
至心歸命禮 盡法界虛空界 華嚴會上

중계팔부사왕중
中界八部四王衆

온법계 허공계의 화엄회상 중계인 팔부중과
사천왕 등 여러 대중들께 지심귀명 하옵니다.

지심귀명례 진법계허공계 화엄회상
至心歸命禮 盡法界虛空界 華嚴會上

하계당처 일체호법 선신
下界當處 一切護法 善神

영기등중
靈祇等衆

온법계 허공계의 화엄회상 하계인 불법을
옹호하는 선신들께 지심귀명 하옵니다.

원제천룡팔부중 위아옹호불리신
願諸天龍八部衆 爲我擁護不離身

어제난처무제난 여시대원능성취
於諸難處無諸難 如是大願能成就

바라오니, 용과 하늘 팔부성현은 이 몸을
옹호하여 떠나지 말고 어려운 일 당할 때에
어려움 없애주옵길 바라옵나니 이와같은
크나큰 원 이뤄지이다.

(2) 마하반야바라밀다심경
摩訶般若波羅密多心經

관자재보살 행심반야바라밀다시 조
觀自在菩薩 行深般若波羅蜜多時 照

견오온개공 도일체고액 사리자 색불
見五蘊皆空 度一切苦厄 舍利子 色不

이공 공불이색 색즉시공 공즉시색
異空 空不異色 色卽是空 空卽是色

수상행식 역부여시 사리자 시제법공
受想行識 亦復如是 舍利子 是諸法空

상 불생불멸 불구부정 부증불감 시
相 不生不滅 不垢不淨 不增不減 是

고 공중무색 무수상행식 무안이비설
故 空中無色 無受想行識 無眼耳鼻舌

신의 무색성향미촉법 무안계 내지
身意 無色聲香味觸法 無眼界 乃至

무의식계 무무명 역무무명진 내지
無意識界 無無明 亦無無明盡 乃至

무노사 역무노사진 무고집멸도 무지
無老死 亦無老死盡 無苦集滅道 無智

역무득 이무소득고 보리살타 의반야
亦無得 以無所得故 菩提薩埵 依般若

바라밀다고 심무가애 무가애고 무유
波羅蜜多故 心無罣碍 無罣碍故 無有

공포 원리전도몽상 구경열반 삼세제
恐怖 遠離顚倒夢想 究竟涅槃 三世諸

불 의반야바라밀다고 득아뇩다라삼
佛 依般若波羅蜜多故 得阿耨多羅三

먁삼보리 고지 반야바라밀다 시대신
藐三菩提 故知 般若波羅蜜多 是大神

주 시대명주 시무상주 시무등등주
呪 是大明呪 是無上呪 是無等等呪

능제일체고 진실불허 고설 반야바라
能除一切苦 眞實不虛 故說 般若波羅

밀다주 즉설주왈
蜜多呪 卽說呪曰

『아제 아제 바라아제 바라승아제 모지 사바하』(3번)

마하반야바라밀다심경(우리말)
摩訶般若波羅密多心經

※ 대한불교 조계종 통일본의 번역임

관자재보살이 깊은 반야바라밀다를 행할 때, 오온이 공한 것을 비추어 보고 온갖 고통에서 건너느니라.

사리자여! 색이 공과 다르지 않고 공이 색과 다르지 않으며, 색이 곧 공이요 공이 곧 색이니, 수 상 행 식도 그러하니라.

사리자여! 모든 법은 공하여 나지도 멸하지도 않으며, 더럽지도 깨끗하지도 않으며, 늘지도 줄지도 않느니라.

그러므로 공 가운데는 색이 없고 수 상 행 식도 없으며, 안 이 비 설 신 의도 없고, 색 성 향 미 촉 법도 없으며, 눈의 경계도 의식의 경계까지도 없고, 무명도 무명이 다함까지도 없으며, 늙고 죽음도 늙고 죽음이 다함까지도 없고, 고 집 멸 도도 없으며, 지혜도 얻음도 없느니라.

얻을 것이 없는 까닭에 보살은 반야바라밀다를 의지하므로 마음에 걸림이 없고 걸림이 없으므로 두려움이 없어서, 뒤바뀐 헛된 생각을 멀리 떠나 완전한 열반에 들어가며, 삼세의 모든 부처님도 반야바라밀다를 의지하므로 최상의 깨달음을 얻느니라.

반야바라밀다는 가장 신비하고 밝은 주문이며 위없는 주문이며 무엇과도 견줄 수 없는 주문이니, 온갖 괴로움을 없애고 진실하여 허망하지 않음을 알지니라.

이제 반야바라밀다주를 말하리라.

『아제아제 바라아제 바라승아제 모지 사바하』

(3번)

각단예불 各壇禮佛 및 정근 精勤

(1) 미타전 예불 彌陀殿 禮佛

인례 헌향진언 獻香眞言

『옴 바아라 도비야 훔』(세번)

대중 지심귀명례 극락도사
至心歸命禮 極樂導師
　　　　　아미타여래불
　　　　　阿彌陀如來佛

극락도사 아미타 부처님께 지심귀명 하옵니다.

지심귀명례 좌우보처
至心歸命禮 左右補處
　　　　　관음세지 양대보살
　　　　　觀音勢至 兩大菩薩

좌보처 관세음보살 우보처
대세지보살님께 지심귀명 하옵니다.

지심귀명례 일체청정
至心歸命禮 一切淸淨

대해중보살마하살
大海衆菩薩摩訶薩

일체청정 대해중보살마하살께 지심귀명 하옵니다.

무량광중화불다   앙첨개시아미타
無量光中化佛多   仰瞻皆是阿彌陀

응신각정황금상   보계도선벽옥라
應身各挺黃金相   寶髻都旋碧玉螺

고아일심 귀명정례
故我一心 歸命頂禮

한량없는 광명속에 많고많은 화신불이
모두함께 일심으로 아미타불 우러르네.
응신불은 낱낱모두 빼어나신 황금모습
보계마다 벽옥으로 빙돌아선 푸른나계
저희들은 일심으로 귀명정례 하옵니다.

[아미타불 정근 阿彌陀佛 精勤]

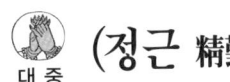 (정근 精勤)

나무 서방대교주 극락세계
南無 西方大敎主 極樂世界

구품연대 섭화중생 대자대비 아미타불
九品蓮臺 攝化衆生 大慈大悲 阿彌陀佛

『나무아미타불…』
南無阿彌陀佛

서방정토 극락세계 구품연화대로 중생을 이끌어
교화하시는 아미타 부처님께 귀의합니다.
「나무아미타불……」

아미타불 본심미묘진언
阿彌陀佛 本心微妙眞言

『다냐타 옴 아리다라 사바하』(3번)

(귀명찬게 歸命讚偈)

계수서방안락찰 접인중생대도사
稽首西方安樂刹 接引衆生大導師

아금발원원왕생 유원자비애섭수
我今發願願往生　唯願慈悲哀攝受

서방정토 극락으로 중생들을 이끄시는
아미타   부처님께 머리숙여 절하오며
제가이제 간절한맘 왕생발원 하옵나니
원하건대 굽어살펴 대자비로 거두소서.

(2) 약사전 예불 藥師殿 禮佛

헌향진언 獻香眞言 〔인례〕

『옴 바아라 도비야 훔』(세번)

지심귀명례 동방만월세계 〔대중〕
至心歸命禮　東方滿月世界
십이상원 약사유리광여래불
十二上願　藥師琉璃光如來佛

동방만월 불국정토 열두가지 높은서원
약사유리광 부처님께 지심귀명 하옵니다.

지심귀명례 좌보처 일광변조
至心歸命禮 左補處 日光遍照

소재보살
消災菩薩

좌보처 일광변조 소재보살님께 지심귀명 하옵니다.

지심귀명례 우보처 월광변조
至心歸命禮 右補處 月光遍照

식재보살
息災菩薩

우보처 월광변조 식재보살님께 지심귀명 하옵니다.

십이대원접군기   일편비심무공결
十二大願接群機   一片悲心無空缺
범부전도병근심   불우약사죄난멸
凡夫顚倒病根深   不遇藥師罪難滅
고아일심 귀명정례
故我一心 歸命頂禮

열두가지 대원으로 근기따라 구제하며
중생향한 측은지심 한조각도 아니버려
범부중생 전도망상 뿌리깊은 번뇌의병

약사여래 못만나면 죄업소멸 어렵도다.
저희들이 일심으로 귀명정례 하옵니다.

[약사여래 정근 藥師如來 精勤]

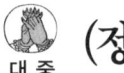 (정근 精勤)

나무 동방만월세계 십이상원
南無 東方滿月世界 十二上願

『약사여래불…』
藥師如來佛

동방만월 불국정토 열두가지 높은서원 약사여래 부처님께 귀의합니다.

『약사여래불…』

 (귀명찬게 歸命讚偈)

십이대원접군기   일편비심무공결
十二大願接群機   一片悲心無空缺

범부전도병근심   불우약사죄난멸
凡夫顚倒病根深   不遇藥師罪難滅

고아일심 귀명정례
故我一心 歸命頂禮

열두가지 대원으로 근기따라 구제하며
중생향한 측은지심 한조각도 아니버려
범부중생 전도망상 뿌리깊은 번뇌의병
약사여래 못만나면 죄업소멸 어렵도다.
저희들이 일심으로 귀명정례 하옵니다.

(3) **관음전 예경** 觀音殿 禮敬

인례 **헌향진언** 獻香眞言

『옴 바아라 도비야 훔』(세번)

대중 **지심귀명례 보문시현 원력홍심**
至心歸命禮 普門示現 願力弘深
대자대비 관세음보살
大慈大悲 觀世音菩薩

넓고깊은 원력으로 자비문을 보이시는
대자대비 관세음보살님께 지심귀명 하옵니다.

지심귀명례 심성구고 응제중생
至心歸命禮 尋聲救苦 應諸衆生

대자대비 관세음보살
大慈大悲 觀世音菩薩

중생들의 고통찾아 온갖고난 구하시는
대자대비 관세음보살님께 지심귀명 하옵니다.

지심귀명례 좌보처 남순동자 우보처
至心歸命禮 左補處 南巡童子 右補處

해상용왕
海上龍王

좌보처 남순동자 우보처 해상용왕님께 지심귀명 하옵니다.

일엽홍련재해중 　벽파심처현신통
一葉紅蓮在海中 　碧波深處現神通

작야보타관자재 　금일강부도량중
昨夜寶陀觀自在 　今日降赴道場中

고아일심 귀명정례
故我一心 歸命頂禮

한잎사귀 붉은연꽃 바다위에 솟아나서
푸른물결 깊은곳에 온갖신통 나투시네.
어젯밤엔 관음보살 보타산에 계시다가
오늘아침 이도량에 강림하여 오시었네.
저희들이 일심으로 귀명정례 하옵니다.

[관세음보살 정근 觀世音菩薩 精勤]

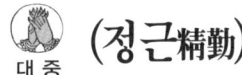 (정근精勤)

나무 보문시현 원력홍심 대자대비
南無 普門示現 願力弘深 大慈大悲

구고구난 『관세음보살……』
救苦救難 觀世音菩薩

사바세계 두루하사 크고깊은 원력으로 자비심을
펼치시어 고난에서 구하시는 관세음보살님께
귀의합니다.
「관세음보살……」

관세음보살 멸업장진언
觀世音菩薩 滅業障眞言

『옴 아로늑계 사바하』(3번)

 (귀명찬게 歸命讚偈)

구족신통력　광수지방편
具足神通力　廣修智方便
시방제국토　무찰불현신
十方諸國土　無刹不現身
고아일심귀명정례
故我一心 歸命頂禮

신통한힘 갖추시고 지혜방편 널리닦아
시방법계 온갖국토 두루모습 나투시니
제가이제 일심으로 귀명정례 하나이다.

(4) 지장전 예경 地藏殿 禮敬

헌향진언 獻香眞言

『옴 바아라 도비야 훔』(세번)

지심귀명례 지장원찬 이십삼존
至心歸命禮 地藏願讚 二十三尊

제위여래불
諸位如來佛

지장원찬 이십삼존 부처님께 지심귀명 하옵니다.

지심귀명례 유명교주 지장보살
至心歸命禮 幽冥敎主 地藏菩薩

마하살
摩訶薩

유명교주 지장보살 마하살께 지심귀명 하옵니다.

지심귀명례 좌우보처 도명존자
至心歸命禮 左右補處 道明尊者

무독귀왕
無毒鬼王

좌보처 도명존자 우보처 무독귀왕께
지심귀명 하옵니다.

지장대성위신력 항하사겁설난진
地藏大聖威神力　恒河沙劫說難盡

견문첨례일념간 이익인천무량사
見聞瞻禮一念間　利益人天無量事

고아일심 귀명정례
故我一心　歸命頂禮

지장보살 큰성인의 위신력은
항하사겁 설하여도 다함없네
보고듣는 일념동안 예배해도
인간천상 이익한일 한량없네
저희들이 일심으로 귀명정례 하옵니다.

[지장보살 정근 地藏菩薩 精勤]

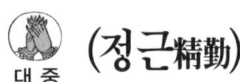 (정근 精勤)
대중

나무 남방화주 대원본존
南無　南方化主　大願本尊

『지장보살……』
地藏菩薩

남섬부주의 교화주이신 지장보살님께 귀의합니다.
「지장보살……」

지장보살 멸정업진언
地藏菩薩 滅定業眞言

『옴 바라 마니다니 사바하』(3번)

 (귀명찬게 歸命讚偈)
대중

지장대성위신력　항하사겁설난진
地藏大聖威神力　恒河沙劫說難盡
견문첨례일염간　이익인천무량사
見聞瞻禮一念間　利益人天無量事
고아일심귀명정례
故我一心 歸命頂禮

지장보살 위대한힘 말로하기 어려워라
한순간만 뵙더라도 이익됨이 한없으니
제가이제 일심으로 귀명정례 하나이다.

(5) 나한전 예경 羅漢殿 禮敬

헌향진언 獻香眞言 (인례)

『옴 바아라 도비야 훔』(세번)

지심귀명례 영산교주 (대중)
至心歸命禮 靈山敎主

시아본사 석가모니불
是我本師 釋迦牟尼佛

영산교주 우리본사 석가모니 부처님께
지심귀명 하옵니다.

지심귀명례 좌보처 자씨 미륵보살
至心歸命禮 左補處 慈氏 彌勒菩薩

우보처 제화가라 보살마하살
右補處 提華竭羅 菩薩摩訶薩

자씨미륵 보살님과 제화가라 보살님께
지심귀명 하옵니다.

지심귀명례 십육대아라한 감재직부
至心歸命禮 十六大阿羅漢 監齋直符

제위사자등중
諸位使者等衆

열여섯분 아라한중 감재직부 사자등께
지심귀명 하옵니다.

청련좌상월여생 삼천계주석가존
青蓮座上月如生 三千界主釋迦尊

자감궁중성약렬 십육대아라한중
紫紺宮中星若列 十六大阿羅漢衆

고아일심 귀명정례
故我一心 歸命頂禮

청련화대 두리둥실 달뜨는듯 앉으신분
삼천세계 주인이신 석가세존 모습이라.
열여섯분 아라한중 감재직부 사자등이
자감궁중 호위하여 별과같이 나열했네.
저희들이 일심으로 지심귀명 하옵니다.

[나한 정근 羅漢精勤]

 (정근 精勤)

나무 영산당시 수불부촉
南無 靈山當時 受佛咐囑

『나한성중…』
羅漢聖衆

영산회상 부처님의 부촉 받으신 나한성중께
지심으로 귀의합니다.
『나한성중…』

청련좌상월여생   삼천계주석가존
靑蓮座上月如生   三千界主釋迦尊

자감궁중성약렬   십육대아라한중
紫紺宮中星若列   十六大阿羅漢衆

고아일심 귀명정례
故我一心 歸命頂禮

청련화대 두리둥실 달뜨는듯 앉으신분
삼천세계 주인이신 석가세존 모습이라.
열여섯분 아라한중 감재직부 사자등이
자감궁중 호위하여 별과같이 나열했네.
저희들이 일심으로 지심귀명 하옵니다.

(6) 산신단 예경 山神壇 禮敬

헌향진언 獻香眞言

『옴 바아라 도비야 훔』(세번)

지심귀명례 만덕고승 성개한적
至心歸命禮 萬德高勝 性皆閑寂
　　　　　산왕대신
　　　　　山王大神

만덕높고 수승하며 모든성품 한적하신 산왕대신께
지심귀명 하옵니다.

지심귀명례 차산국내 항주대성
至心歸命禮 此山局內 恒住大聖
　　　　　산왕대신
　　　　　山王大神

이산중에 항상계신 크신성자 산왕대신께
지심귀명 하옵니다.

지심귀명례 시방법계
至心歸命禮 十方法界

지령지성 산왕대신
至靈至聖 山王大神

시방법계 신령하고 성스러운 산왕대신께 지심귀명 하옵니다.

영산석일여래촉   위진강산도중생
靈山昔日如來囑   威振江山度衆生

만리백운청장리   운거학가임한정
萬里白雲青嶂裡   雲車鶴駕任閑情

고아일심 귀명정례
故我一心 歸命頂禮

오랜옛날 영산회상 여래부촉 받으시고
크신위엄 갖추시고 중생제도 하시어라.
수만리에 흰구름과 깊고푸른 산속에서
학이끄는 구름수레 한가로이 지내시네.
저희들이 일심으로 귀명정례 하옵니다.

[산신 정근 山神 精勤]

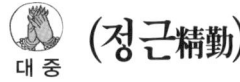 (정근 精勤)

나무 최신최령
南無 最神最靈

『산왕대신…』
山王大神

신령스런 산왕대신께 지심으로 귀의합니다.
『산왕대신…』

영산석일여래촉   위진강산도중생
靈山昔日如來囑   威振江山度衆生

만리백운청장리   운거학가임한정
萬里白雲靑嶂裡   雲車鶴駕任閑情

고아일심 귀명정례
故我一心 歸命頂禮

오랜옛날 영산회상 여래부촉 받으시고
크신위엄 갖추시고 중생제도 하시어라.
수만리에 흰구름과 깊고푸른 산속에서
학이끄는 구름수레 한가로이 지내시네.
저희들이 일심으로 귀명정례 하옵니다.

(7) 용왕단 예경 龍王壇 禮敬

인례 헌향진언 獻香眞言

『옴 바아라 도비야 훔』(세번)

대중 지심귀명례 삼주호법 위태천신
至心歸命禮 三洲護法 韋馱天神

삼주에서 호법하신 위태천신께 지심귀명 하옵니다.

지심귀명례 좌보처 사가라
至心歸命禮 左補處 沙伽羅
용왕대신
龍王大神

좌보처 사가라 용왕대신께 지심귀명 하옵니다.

지심귀명례 우보처 화수길
至心歸命禮 右補處 和修吉
용왕대신
龍王大神

우보처 화수길 용왕대신께 지심귀명 하옵니다.

시우행운사대주　　오화수출구천두
施雨行雲四大洲　　五花秀出救千頭

도생일념귀무념　　백곡이리해중수
度生一念歸無念　　百穀以利海衆收

고아일심　귀명정례
故我一心　歸命頂禮

차사천하　사대주에　구름날고　비뿌리니
다섯꽃이　빼어나서　많은무리　구원하네.
중생제도　일념마저　무념으로　돌아갈때
바다같은　많은중생　백곡으로　이롭게 하네.
저희들이　일심으로　귀명정례　하옵니다.

[용왕 정근 龍王 精勤]

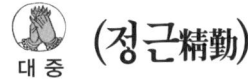(정근精勤)

나무 삼주호법 위태천신
南無 三洲護法 韋馱天神

『용왕대신…』
龍王大神

삼주에서 호법하신 위태천신 용왕대신님께
귀의합니다. 『용왕대신…』

시우행운사대주　오화수출구천두
施雨行雲四大洲　五花秀出救千頭

도생일념귀무념　백곡이리해중수
度生一念歸無念　百穀以利海衆收

차사천하　사대주에　구름날고　비뿌리니
다섯꽃이　빼어나서　많은무리　구원하네.
중생제도　일념마저　무념으로　돌아갈때
바다같은　많은중생　백곡으로　이롭게 하네.

불공편

진리를 즐기면 언제나 편안하다.

그 마음은 행복하고 그 뜻은 깨끗하다.

지혜 있는 사람은 성인의 법을 듣고

그것을 항상 즐겁게 행한다.

- 법구경 중-

1. 사시불공(마지) 巳時佛供(摩旨)

-삼보(제불)통청 三寶(諸佛)通請-

※부처님 당시 대중들이 하루 한끼만 공양하였던 것을 재현하여
사시(오전 9~11시)에 올리는 불공을 말함

(1) 상단불공 上壇佛供   불보살님을 모신 상단에 올리는 공양의식

보례진언 (널리 삼보게 예를 드리는 진언)
普禮眞言

아금일신중   즉현무진신
我今一身中   卽現無盡身

변재삼보전   일일무수례
遍在三寶前   一一無數禮

저희이제 한몸으로 다함없는 몸을 나투어서
두루하신 삼보님 전에 한 분 한 분
무수한 예를 올립니다.

『옴 바아라 믹』(3번)

천수경 (千手經)

※「천수천안관세음보살 광대원만무애대비심다라니경 千手千眼觀世音菩薩 廣大圓滿無碍大悲心陀羅尼經」의 약칭

정구업진언 (구업을 청정케 하는 진언)
淨口業眞言

『수리수리 마하수리 수수리 사바하』 (3번)

오방내외안위제신진언 (오방내외 모든 신중 모시는 진언)
五方內外安慰諸神眞言

『나무 사만다 못다남 옴 도로도로 지미 사바하』 (3번)

개경게 (경전을 펼치며 서원하는 게송)
開經偈

무상심심미묘법 無上甚深微妙法	가장높고 미묘하고 깊고깊은 부처님법
백천만겁난조우 百千萬劫難遭遇	백천만겁 지나도록 만나뵙기 어려워라.

아금문견득수지 我今聞見得受持 제가이제 다행히도 보고듣고 지니오니

원해여래진실의 願解如來眞實意 부처님의 진실한뜻 바로알길 원합니다.

개법장진언 (진리의 곳간을 여는 진언)
開法藏眞言

『**옴 아라남 아라다**』(3번)

천수천안 관자재보살 광대원만 千手千眼 觀自在菩薩 廣大圓滿
무애대비심 대다라니 계청 無碍大悲心 大陀羅尼 啓請

천수천안 관음보살 광대하고 원만하여
걸림없는 대비심의 다라니를 청합니다.

계수관음대비주 稽首觀音大悲呪 관음보살 대비주에 머리숙여 절합니다.

원력홍심상호신 願力弘深相好身 그원력이 위대하고 상호또한 거룩하사

천비장엄보호지 千臂莊嚴普護持 일천팔의 장엄으로 온중생을 거두시고

천안광명변관조 千眼光明遍觀照 일천눈의 광명으로 온세상을 살피시며

진실어중선밀어 眞實語中宣密語	참된말씀 베푸시어 비밀한뜻 보이시고
무위심내기비심 無爲心內起悲心	함이없는 마음으로 자비심을 펴십니다.
속령만족제희구 速令滿足諸希求	저희들의 온갖소원 하루속히 이루옵고
영사멸제제죄업 永使滅除諸罪業	모든죄업 남김없이 깨끗하게 씻어지며
천룡중성동자호 天龍衆聖同慈護	하늘용과 모든성현 모두함께 보살피사
백천삼매돈훈수 百千三昧頓薰修	백천가지 온갖삼매 한순간에 닦아지면
수지신시광명당 受持身是光明幢	법을모신 저희몸은 큰광명의 깃발이요
수지심시신통장 受持心是神通藏	법을모신 이내마음 신통력의 곡간이라
세척진로원제해 洗滌塵勞願濟海	세상티끌 씻어내고 괴롬바다 어서건너
초증보리방편문 超證菩提方便門	보리법의 방편으로 뛰어넘게 하여지다.
아금칭송서귀의 我今稱誦誓歸依	제가이제 대비주를 칭송하며 서원하니

소원종심실원만
所願從心悉圓滿
뜻하는일 마음따라
원만성취 하여지다.

나무대비관세음
南無大悲觀世音
자비하신 관세음께
지성귀의 하옵나니

원아속지일체법
願我速知一切法
이세상의 온갖진리
빨리알게 하여지다.

나무대비관세음
南無大悲觀世音
자비하신 관세음께
지성귀의 하옵나니

원아조득지혜안
願我早得智慧眼
부처님의 지혜눈을
빨리얻게 하여지다.

나무대비관세음
南無大悲觀世音
자비하신 관세음께
지성귀의 하옵나니

원아속도일체중
願我速度一切衆
한량없는 모든중생
빨리제도 하여지다.

나무대비관세음
南無大悲觀世音
자비하신 관세음께
지성귀의 하옵나니

원아조득선방편
願我早得善方便
팔만사천 묘한방편
빨리얻게 하여지다

나무대비관세음
南無大悲觀世音
자비하신 관세음께
지성귀의 하옵나니

원아속승반야선
願我速乘般若船
저언덕의 지혜배에
빨리타게 하여지다

나무대비관세음 南無大悲觀世音 자비하신 관세음께
지성귀의 하옵나니

원아조득월고해 願我早得越苦海 생노병사 괴롬바다
빨리넘게 하여지다.

나무대비관세음 南無大悲觀世音 자비하신 관세음께
지성귀의 하옵나니

원아속득계정도 願我速得戒定道 계율선정 훌륭한길
빨리얻게 하여지다.

나무대비관세음 南無大悲觀世音 자비하신 관세음께
지성귀의 하옵나니

원아조등원적산 願我早登圓寂山 극락정토 열반세계
속히들게 하여지다.

나무대비관세음 南無大悲觀世音 자비하신 관세음께
지성귀의 하옵나니

원아속회무위사 願我速會無爲舍 함이없는 진리의집
빨리알게 하여지다.

나무대비관세음 南無大悲觀世音 자비하신 관세음께
지성귀의 하옵나니

원아조동법성신 願我早同法性身 절대진리 진리의몸
어서빨리 같아지다.

아약향도산   도산자최절 我若向刀山 刀山自摧折 칼산지옥 제가가면
칼산절로 무너지고

아약향화탕 화탕자소멸 화탕지옥 제가가면
我若向火湯 火湯自消滅 화탕절로 말라지며

아약향지옥 지옥자고갈 지옥세계 제가가면
我若向地獄 地獄自枯渴 지옥절로 없어지고

아약향아귀 아귀자포만 아귀세계 제가가면
我若向餓鬼 餓鬼自飽滿 아귀절로 배부르고

아약향수라 악심자조복 수라세계 제가가면
我若向修羅 惡心自調伏 악한마음 착해지고

아약향축생 자득대지혜 축생세계 제가가면
我若向畜生 自得大智慧 지혜절로 생겨지다.

나무관세음보살마하살
南無觀世音菩薩摩訶薩
※ 아미타불의 좌보처되시며 중생들의 바램을 살피시고 천눈천손의 방편으로 구재하시는 보살님

나무대세지보살마하살
南無大勢至菩薩摩訶薩
※ 아미타불의 우보처되시며 지혜의 광명으로 중생의 고통을 여의고 위없는 힘을 얻게 하시는 보살님

나무천수보살마하살
南無千手菩薩摩訶薩
※ 천수천안의 위신력으로 중생을 돌보는 관세음보살의 화신(化身)

나무여의륜보살마하살
南無如意輪菩薩摩訶薩
※ 중생의 원에 따라 마음대로 여의주와 진리의 수레바퀴를 굴리시는 관세음보살님의 화신

나무대륜보살마하살
南無大輪菩薩摩訶薩
※ 미혹을 끊는 지혜의 큰수레바퀴가 금강과 같은 관세음보살의 화신

나무관자재보살마하살
南無觀自在菩薩摩訶薩
※ 중생의 바램따라 바른 살핌이 자유자재하신 관세음보살의 화신

나무정취보살마하살
南無 正趣 菩薩 摩訶薩
※ 보살행의 바른 길로 중생을 이끄시는 관세음보살의 화신

나무만월보살마하살
南無 滿月 菩薩 摩訶薩
※ 둥글달과 같이 공덕이 원만하고 온 중생에게 골고루 자비를 드리우시는 관세음보살의 화신

나무수월보살마하살
南無 水月 菩薩 摩訶薩
※ 물 위에 비치는 달처럼 자비 화현을 온갖 곳에 펼치시는 관세음보살의 화신

나무군다리보살마하살
南無 軍茶利 菩薩 摩訶薩
※ 감로병을 쥐고 감로의 법비를 번뇌중생에게 뿌려주는 관세음보살의 화신

나무십일면보살마하살
南無 十一面 菩薩 摩訶薩
※ 맨 위는 불과(佛果)를 표시하고 전후좌우는 보살의 10지(地)를 나타내는 관세음보살의 화신

나무제대보살마하살
南無 諸大 菩薩 摩訶薩
※ 아미타불의 좌우 협시보살인 관음·세지보살 외의 모든 보살님께 귀의함

『나무본사아미타불』 (3번)
南無 本師 阿彌陀佛

신묘장구대다라니 (신통하고 미묘한 말씀의 대다라니)
神妙章句大陀羅尼

나모라 다나다라 야야 나막알약 바로기제 새바라야 모지사다바야 마하사다바야 마하가로 니가야 옴 살바 바

예수 다라나 가라야 다사명 나막가리다바 이맘알야 바로기제 새바라 다바 니라간타 나막 하리나야 마발다 이사미 살발타 사다남 수반 아예염 살바 보다남 바바마라 미수다감 다냐타 옴 아로게 아로가 마지로가 지가란제 혜혜하례 마하 모지 사다바 사마라 사마라 하리나야 구로구로 갈마 사다야 사다야 도로도로 미연제 마하미연제 다라다라 다린 나례 새바라 자라자라 마라미마라 아마라 몰제 예혜혜 로계 새바라 라아 미사미 나사야 나베 사미사미 나사야 모하자라 미사미 나사야 호로호로 마라호로 하례 바나마 나바 사라사라 시리시리 소로소로 못쟈못쟈 모다야 모다야 매다리야 니라간타 가마사 날사남 바라하라나야 마낙 사바하 싯다야 사바하 마하 싯다야 사바하 싯다유예 새바라야 사바하 니라간타야 사바하 바라하 목카싱하목가야 사바하 바나마 하따야 사바하 자가라 욕다야 사바하 상카섭나네 모다나야 사바하 마하라 구타다라야 사바하 바마사간타 이사시체다 가릿나이나야 사바하 먀가라 잘마 이바 사나야 사바하

나모라 다나다라 야야 나막알야 바로기제 새바라야 사바하 (3, 7편 독송)

사방찬 (사방, 곧 세상을 정화하는 게송)
四方讚

일쇄동방결도량   동방에다 물뿌리니
一灑東方潔道場   온도량이 깨끗하고

이쇄남방득청량   남방에다 물뿌리니
二灑南方得淸凉   온천지가 청량하며

삼쇄서방구정토   서방에다 물뿌리니
三灑西方俱淨土   극락세계 갖춰지고

사쇄북방영안강   북방에다 물뿌리니
四灑北方永安康   영겁토록 평안하네

도량찬 (서 있는 땅, 곧 이 도량을 축복함)
道場讚

도량청정무하예   온도량이 깨끗하여
道場淸淨無瑕穢   더러운곳 없사오니

삼보천룡강차지   삼보님과 호법천룡
三寶天龍降此地   이도량에 오시옵고

아금지송묘진언   제가이제 묘한진언
我今持誦妙眞言   받아지녀 외우오니

원사자비밀가호   큰자비를 베푸시어
願賜慈悲密加護   항상살펴 주옵소서.

참회게 (죄업을 뉘우치는 게송)
懺悔偈

아석소조제악업
我昔所造諸惡業

아득히먼 옛날부터
제가지은 모든악업

개유무시탐진치
皆由無始貪瞋痴

크고작은 모든것이
탐진치로 생기었고

종신구의지소생
從身口意之所生

몸과입과 뜻을따라
무명으로 지었기에

일체아금개참회
一切我今皆懺悔

제가이제 일심으로
모두참회 하옵니다.

참제업장십이존불 (업장참회 시에 증명되어 주시는 열 두 분의 부처님)
懺除業障十二尊佛

나무 참제업장보승장불
南無 懺除業障寶勝藏佛

업의장애 녹여주는
보승장불께 지심으로
귀의합니다.

보광왕화렴조불
寶光王火焰照佛

지혜불꽃 비춰주는
부처님께 지심으로
귀의합니다.

일체향화자재력왕불
一切香華自在力王佛

온갖향기 자재하신
부처님께 지심으로
귀의합니다.

사시불공(천수경)

백억항하사결정불
百億恒河沙決定佛

모래같은 죄없애는
부처님께 지심으로
귀의합니다.

진위덕불
振威德佛

위덕을 떨치시는
부처님께 지심으로
귀의합니다.

금강견강소복괴산불
金剛堅强消伏壞散佛

금강같은 지혜로써
모든죄업 부숴주는 부처님께
지심으로 귀의합니다.

보광월전묘음존왕불
普光月殿妙音尊王佛

보름달과 같으신 밝은 모습
묘한 음성 갖추신 부처님께
지심으로 귀의합니다.

환희장마니보적불
歡喜藏摩尼寶積佛

마니보배 갖추시어 기쁨을
채워주는 부처님께
지심으로 귀의합니다.

무진향승왕불
無盡香勝王佛

다함없는 향을 갖춘
부처님께 지심으로
귀의합니다.

사자월불
獅子月佛

사자 같은 위덕 갖춘
부처님께 지심으로
귀의합니다.

환희장엄주왕불
歡喜莊嚴珠王佛

크나큰 기쁨으로 이 세상을
장엄하시는 부처님께
지심으로 귀의합니다.

제보당마니승광불
帝寶幢摩尼勝光佛

제석천의 깃발같이 위덕있고
마니의 빛 갖추옵신 부처님
께 지심으로 귀의합니다.

십악참회 (열 가지 악업을 참회함)
十惡懺悔

살생중죄금일참회 殺生重罪今日懺悔	살생하여 지은죄를 오늘모두 참회하고
투도중죄금일참회 偸盜重罪今日懺悔	남의물건 훔친죄업 오늘모두 참회하고
사음중죄금일참회 邪婬重罪今日懺悔	사음하는 무거운죄 오늘모두 참회하고
망어중죄금일참회 妄語重罪今日懺悔	거짓말한 무거운죄 오늘모두 참회하고
기어중죄금일참회 綺語重罪今日懺悔	꾸며댄말 무거운죄 오늘모두 참회하고
양설중죄금일참회 兩舌重罪今日懺悔	이간질한 모든죄업 오늘모두 참회하고
악구중죄금일참회 惡口重罪今日懺悔	험담하온 무거운죄 오늘모두 참회하고
탐애중죄금일참회 貪愛重罪今日懺悔	탐욕하온 무거운죄 오늘모두 참회하고
진에중죄금일참회 瞋恚重罪今日懺悔	화를내던 무거운죄 오늘모두 참회하고

치암중죄금일참회 痴暗重罪今日懺悔 어리석은 무거운죄
오늘모두 참회하리

백겁적집죄 百劫積集罪 **일념돈탕진** 一念頓蕩盡 백겁이나 쌓인죄업
한생각에 녹아져서

여화분고초 如火焚枯草 **멸진무유여** 滅盡無有餘 마른풀을 불태우듯
흔적조차 없어지네

죄무자성종심기 罪無自性從心起 자성없는 모든죄업
마음따라 일어나니

심약멸시죄역망 心若滅是罪亦亡 마음만약 없어지면
죄업또한 없어지고

죄망심멸양구공 罪亡心滅兩俱空 죄와마음 사라져서
두가지다 공적하면

시즉명위진참회 是則名爲眞懺悔 이것들을 말하여서
참된참회 이름하리

참회진언 (죄업을 뉘우치는 진언)
懺悔眞言

『옴 살바 못자 모지 사다야 사바하』(3번)

준제공덕취 准提功德聚 **적정심상송** 寂靜心常誦 준제보살 청정공덕
일념으로 늘외우면

| 일체제대난 | 무능침시인 | 그 어떠한 어려움도 |
| 一切諸大難 | 無能侵是人 | 능히침입 못한다네. |

| 천상급인간 | 수복여불등 | 천상계나 인간계나 |
| 天上及人間 | 受福如佛等 | 부처처럼 복받으며 |

| 우차여의주 | 정획무등등 | 이여의주 만난이는 |
| 遇此如意珠 | 定獲無等等 | 가장큰법 이룬다네. |

『나무 칠구지불모 대준제보살』(3번)
南無 七俱胝佛母 大准提菩薩

※ 칠구지불모 대준제보살 : 7천억 부처의 어머니, 청정한 마음자리 되신 준제관음보살

정법계진언 (법계를 깨끗이 정화하는 진언)
淨法界眞言

『옴 남』(3번)

호신진언 (몸을 보호하는 진언)
護身眞言

『옴 치림』(3번)

관세음보살 본심미묘 육자대명왕진언
觀世音菩薩 本心微妙 六字大明王眞言

(관세음보살의 본마음을 보여주는 미묘한 진언)

『옴 마니 반메 훔』(3번)

준제진언 (칠천억 부처님을 낳은 불모(佛母)의 관세음보살 진언)
准 提 眞 言

나무 사다남 삼먁 삼못다 구치남
다냐타   칠천만억의 위없는 깨달음
                         이룩하신 부처님께 귀의합니다.

『옴 자례 주례 준제 사바하 부림』(3번)

아금지송대준제 我 今 持 誦 大 准 提	제가이제 준제진언 지성으로 외워지녀
즉발보리광대원 卽 發 菩 提 廣 大 願	크고넓은 보리심의 광대한원 세우오니
원아정혜속원명 願 我 定 慧 速 圓 明	어서빨리 선정지혜 크고밝게 닦으오며
원아공덕개성취 願 我 功 德 皆 成 就	거룩하신 모든공덕 제가모두 성취하고
원아승복변장엄 願 我 勝 福 遍 莊 嚴	뛰어난복 장엄하여 두루두루 갖추오며
원공중생성불도 願 共 衆 生 成 佛 道	한량없는 중생들과 모두함께 성불하리.

여래십대발원문 (부처님께 발하는 열가지 원)
如來十大發願文

원아영리삼악도   제가이제 삼악도를
願我永離三惡道   벗어나기 원입니다.

원아속단탐진치   제가이제 탐진치를
願我速斷貪嗔痴   어서끊기 원입니다.

원아상문불법승   제가이제 삼보말씀
願我常聞佛法僧   항상듣기 원입니다.

원아근수계정혜   제가이제 계정혜를
願我勤修戒定慧   힘써닦기 원입니다.

원아항수제불학   제가이제 부처따라
願我恒隨諸佛學   항상닦기 원입니다.

원아불퇴보리심   제가이제 보리마음
願我不退菩提心   지키기가 원입니다.

원아결정생안양   제가이제 정토세계
願我決定生安養   태어나기 원입니다.

원아속견아미타   제가이제 아미타불
願我速見阿彌陀   만나뵙기 원입니다.

원아분신변진찰   제가이제 나툴화현
願我分身遍塵刹   두루펴기 원입니다.

원아광도제중생   제가널리 모든중생
願我廣度諸衆生   제도하기 원입니다.

발사홍서원 (네 가지 큰 서원을 일으킴)
發四弘誓願

중생무변서원도   한량없는 모든중생
衆生無邊誓願度   남김없이 건지리다.

번뇌무진서원단   끝이없는 모든번뇌
煩惱無盡誓願斷   남김없이 끊으리다.

법문무량서원학   한량없는 모든법문
法門無量誓願學   남김없이 배우리다.

불도무상서원성   위가없는 모든불도
佛道無上誓願成   남김없이 이루리다.

자성중생서원도   내마음속 모든중생
自性衆生誓願度   남김없이 건지리다.

자성번뇌서원단   내마음속 모든번뇌
自性煩惱誓願斷   남김없이 끊으리다.

자성법문서원학   내마음속 모든법문
自性法門誓願學   남김없이 배우리다.

자성불도서원성   내마음속 모든불도
自性佛道誓願成   남김없이 이루리다.

발원이 귀명례삼보
發願已 歸命禮三寶

위와같은 크나큰원 발하옵고 삼보전에
목숨바쳐 예배합니다

나무상주시방불
南無常住十方佛

시방세계 항상계신
불보님께 귀의하고

나무상주시방법
南無常住十方法

시방세계 항상계신
법보님께 귀의하고

나무상주시방승
南無常住十方僧

시방세계 항상계신
승보님께 귀의합니다.

천수경 千手經 (우리말)

※ 우리말 경전독송의 통일과 보급을 위해 「통일법요집(대한불교조계종 刊)」의 판본을 근간으로 삼고 재편집하였습니다.

구업을 청정케 하는 진언 淨口業眞言
『수리수리 마하수리 수수리 사바하』(3번)

오방내외 모든 신중 모시는 진언 五方內外 安慰諸神眞言
『나무 사만다 못다남 옴 도로도로 지미 사바하』(3번)

경전을 펴는 게송 開經偈
높고 깊은 부처님 법 만나옵기 어렵건만
제가 이제 받아지녀 참된 의미 깨치리다

법장을 여는 진언 開法藏眞言
『옴 아라남 아라다』(3번)

천수천안 관음보살 광대하고 어렵건만
千手千眼 觀自在菩薩 廣大 圓滿
걸림없는 대비심의 다라니를 청합니다.
無碍 大悲心 大陀羅尼 啓請

크신원력 좋은상호 천손으로 보호하고
천눈으로 살피시며 진실어로 다라니펴
무위심속 자비심내 저희소원 이뤄주고
모든죄업 없애주는 관세음께 절합니다.

천룡중성 옹호하여 온갖삼매 이뤄지니
지닌몸은 광명나고 지닌몸은 자재하여
번뇌씻고 고해건너 보리방편 얻게되며
송주하며 귀의하니 원하는일 이뤄지네.

나무대비관세음 일체법을 알려하니
나무대비관세음 지혜눈을 얻게되고
나무대비관세음 일체중생 건져내는
나무대비관세음 좋은방편 얻게되며
나무대비관세음 지혜배에 어서올라
나무대비관세음 고통바다 건너가고
나무대비관세음 계정혜를 속히갖춰

나무대비관세음 열반언덕 올라가며
나무대비관세음 무위의집 함께모여
나무대비관세음 진리의몸 이뤄지다.

칼산지옥 내가가면 칼산절로 꺾여지고
화탕지옥 내가가면 화탕절로 말라지며
모든지옥 내가가면 지옥절로 없어지고
아귀세계 내가가면 아귀절로 배부르며
수라세계 내가가면 악한마음 무너지고
축생세계 내가가면 지혜절로 얻어지리.

나무 관세음보살마하살
南無 觀世音菩薩摩訶薩
나무 대세지보살마하살
南無 大勢至菩薩摩訶薩
나무 천수보살마하살
南無 千手菩薩摩訶薩
나무 여의륜보살마하살
南無 如意輪菩薩摩訶薩
나무 대륜보살마하살
南無 大輪菩薩摩訶薩

나무 관자재보살마하살
南無 觀自在菩薩摩訶薩

나무 정취보살마하살
南無 正趣菩薩摩訶薩

나무 만월보살마하살
南無 滿月菩薩摩訶薩

나무 수월보살마하살
南無 水月菩薩摩訶薩

나무 군다리보살마하살
南無 軍茶利菩薩摩訶薩

나무 십일면보살마하살
南無 十一面菩薩摩訶薩

나무 제대보살마하살
南無 諸大菩薩摩訶薩

『나무 본사아미타불』(3번)
南無 本師阿彌陀佛

신묘장구대다라니 神妙章句大陀羅尼 (신묘한 구절의 대다라니)

나모라 다나다라 야야 나막알약 바로기제 새바라야 모지 사다바야 마하 사다바야 마하가로 니가야 옴 살바 바예수 다라나 가라야 다사명 나막 가리다바 이맘알야 바로기제 새바라 다바니라간타 나막 하리

나야 마발다 이사미 살발타 사다남 수반
아예염 살바 보다남 바바마라 미수다감
다냐타 옴 아로계 아로가 마지로가 지가
란제 혜혜하례 마하 모지 사다바 사마라
사마라 하리나야 구로구로 갈마 사다야
사다야 도로도로 미연제 마하미연제 다라
다라 다린나례 새바라 자라자라 마라 미마라
아마라 몰제 예혜혜 로계 새바라 라아 미사미
나사야 나베 사미사미 나사야 모하자라
미사미 나사야 호로호로 마라호로 하례
바나마 나바 사라사라 시리시리 소로소로
못자못자 모다야 모다야 매다리야 니라간타
가마사 날사남 바라 하라나야 마낙 사바하
싯다야 사바하 마하 싯다야 사바하 싯다유예
새바라야 사바하 니라간타야 사바하 바라하
목카싱하 목카야 사바하 바나마 하따야

사바하 자가라 욕다야 사바하 샹카 섭나네
모다나야 사바하 마하라 구타다라야 사바하
바마사간타 니사시체다 가릿나 이나야 사바하
먀가라 잘마 이바사나야 사바하 『나모라
다나다라 야야 나막알약 바로기제 새바라야
사바하』(3·7편)

사방을 깨끗이 하는 찬 四方讚

동방에 물뿌리니 도량이 깨끗하고
남방에 물뿌리니 천지가 청량하며
서방에 물뿌리니 정토가 이뤄지고
북방에 물뿌리니 영원히 평안하네.

청정한 도량의 찬 道場讚

청정도량 티끌없어 삼보천룡 예오시네
미묘진언 외우오니 대자비로 살피소서.

죄업을 뉘우치는 게송 懺悔偈

제가지은 모든악업 탐진치로 생겨났고
신구의로 지었으니 일체참회 하옵니다.

업장참회시 증명이 되어주시는 열 두 분의 부처님 懺除業障十二尊佛

나무 참제업장보승장불
南無 懺除業障寶勝藏佛

나무 보광왕화염조불
南無 寶光王火燄照佛

나무 일체향화자재력왕불
南無 一切香華自在力王佛

나무 백억항하사결정불
南無 百億恒河沙決定佛

나무 진위덕불
南無 振威德佛

나무 금강견강소복괴산불
南無 金剛堅强消伏壞散佛

나무 보광월전묘음존왕불
南無 普光月殿妙音尊王佛

나무 환희장마니보적불
南無 歡喜藏摩尼寶積佛

나무 무진향승왕불
南無 無盡香勝王佛

나무 사자월불
南無 獅子月佛

나무 환희장엄주왕불
南無 歡喜莊嚴珠王佛

나무 제보당마니승광불
南無 帝寶幢摩尼勝光佛

열가지 악업을 참회함 十惡懺悔

생명해친 모든 잘못 오늘 깊이 참회합니다.

도둑질한 모든 잘못 오늘 깊이 참회합니다.

삿된음행 모든 잘못 오늘 깊이 참회합니다.

거짓말한 모든 잘못 오늘 깊이 참회합니다

꾸밈말한 모든 잘못 오늘 깊이 참회합니다.

이간질한 모든 잘못 오늘 깊이 참회합니다.

험한말한 모든 잘못 오늘 깊이 참회합니다.

욕심부린 모든 잘못 오늘 깊이 참회합니다.

성내버린 모든 잘못 오늘 깊이 참회합니다.

어리석은 모든 잘못 오늘 깊이 참회합니다.

오랜세월 쌓인죄업 한순간에 없어지니
마른풀이 타버리듯 남김없이 사라지네

죄의자성 본래없어 마음따라 일어나니
마음마저 없어지면 죄도함께 사라지네
모든죄가 다해지고 마음조차 사라져서
죄와마음 공해지면 진실한 참회라네.

죄업을 뉘우치는 진언 懺悔眞言

『옴 살바 못자모지 사다야 사바하』(3번)

준제주는 공덕 크니 일념으로 외우오면
세상 어떤 어려움도 침해하지 못하리라
천신들과 사람들이 여래처럼 복 받으며
여의주를 만났으니 크나큰 법 얻으리라.

『나무 칠구지 불모 대준제보살』(3번)
南無 七俱胝 佛母 大准提菩薩

법계를 맑게 하는 진언 淨法界眞言

『옴 람』(3번)

몸을 보호하는 진언 護身眞言

『옴 치림』(3번)

관세음보살 본마음을 보여주는 미묘한 진언
觀世音菩薩 本心微妙 六字大明王眞言

『옴 마 니 반 메 훔』(3번)

준제보살 진언 准提眞言

나무 사다남 삼먁삼못다 구치남 다냐타

『옴 자례 주례 준제 사바하 부림』(3번)

준제주를 지송하며 보리대원 세우오니
선정 지혜 원만하고 온갖 공덕 성취되며
수승한 복 장엄하고 깨달음이 이뤄지다.

부처님께 발하는 열 가지 원 如來十大發願文

삼악도 벗어나며, 탐진치 속히 끊고
불법승 따르오며, 계정혜 항상 닦고
여래 따라 늘 배우며, 보리심을 잃지 않고
극락세계 태어나며, 아미타불 친견하고
온누리에 몸나투어, 중생제도 원합니다.

네가지 큰서원 發四弘誓願

중생을다 건지리다. 번뇌를다 끊으리다.
법문을다 배우리다. 불도를다 이루리다.
자성중생 건지리다. 자성번뇌 끊으리다.
자성법문 배우리다. 자성불도 이루리다.

이제 발원 마치옵고 삼보님께 절합니다
發 願 已 歸 命 禮 三 寶

『시방세계 항상계신 불보님께 귀의하고
佛寶
 시방세계 항상계신 법보님께 귀의하고
法寶
 시방세계 항상계신 승보님께 귀의합니다』(3번)
僧寶

정삼업진언 (삼업을 맑히는 진언)
淨三業眞言

『옴 사바바바 수다살바 달마 사바바바 수도함』(3번)

개단진언 (법단을 여는 진언)
開壇眞言

『옴 바아라 놔로 다가다야 삼마야 바라베 사야훔』(3번)

건단진언 (법단을 세우는 진언)
建壇眞言

『옴 난다난다 나지나지 난다바리 사바하』(3번)

정법계진언 (법계를 깨끗이 정화하는 진언)
淨法界眞言

※준제진언을 외우기 전에 외우는 정법계진언 '옴(ॐ)남(नं)'의 '남'을 설명하는 내용을 다음 게송으로 해석한다.

나자색선백 羅字色鮮白	라(ㄹ)자의 빛깔은 희고 맑은데
공점이엄지 空點以嚴之	라자 위에 둥근 점(ㆍ) 을 곱게 찍으니
여피계명주 如彼髻明珠	맑고 밝은 저 보배 구슬의 상투를
치지어정상 置之於頂上	정수리에 받들어 둠과도 같네.
진언동법계 眞言同法界	진언의 참모습은 법계와 같아
무량중죄제 無量重罪除	한량없는 모든 죄 없애 주나니
일체촉예처 一切觸穢處	더러운 곳 접촉할 땐 그 어느 때나
당가차자문 當加此字門	이 진언문을 더하여 지닐지니라.

『나무 사만다 못다남 남』(3번)

거불 擧佛 (부처님의 명호를 부르며 예를 올림)

나무 불타부중 광림법회
南無 佛陀部衆 光臨法會

나무 달마부중 광림법회
南無 達磨部衆 光臨法會

나무 승가부중 광림법회
南無 僧伽部衆 光臨法會

모든 부처님께 귀의하오니 이 법회에 나투소서.
모든 법보님께 귀의하오니 이 법회에 나투소서.
모든 승보님께 귀의하오니 이 법회에 나투소서.

보소청진언 普召請眞言 (불보살님을 권청하는 진언)

『나무 보보제리 가리다리 다타 아다야』 (3번)

유치 由致 (불공을 올리는 까닭을 아룀)

앙유 삼보대성자 종진정계 흥대비운
仰惟 三寶大聖者 從眞淨界 興大悲雲

비신현신 포신운어삼천세계 무법설
非身現身 布身雲於三千世界 無法說

법 쇄법우어팔만진로 개종종방편지
法 灑法雨於八萬塵勞 開種種方便之

문 도망망사계지중 유구개수여공곡
門 導茫茫沙界之衆 有求皆遂如空谷

지전성 무원부종 약징담지인월 시이
之傳聲 無願不從 若澄潭之印月 是以

사바세계 차사천하 남섬부주 동양
娑婆世界 此四天下 南贍部州 東洋

대한민국 (주소)○○사 수월도량 금
大韓民國　　　　　　　寺 水月道場 今

차 지극지정성 헌공발원재자 ○○처
此 至極之精誠 獻供發願齋者　　處

거주 청신사 ○○생 ○○○ 보체 청
居住 淸信士　　生　　　　　保體 淸

신녀 모생 모인 보체 이차인연공덕
信女 某生 某人 保體 以此因緣功德

일체액난 영위소멸 사대강건 육근청
一切厄難 永爲消滅 四大强建 六根淸

정 심중소구소원 여의원만 형통지대
淨 心中所求所願 如意圓滿 亨通之大

원 이금월금일 건설법연 정찬공양
願 以今月今日 虔設法筵 淨饌供養

제망중중 무진삼보자존 훈근작법 앙
帝網重重 無盡三寶慈尊 薰懃作法 仰

기묘원자 우복이 설명향이예청 정옥
祈妙援者 右伏以 爇茗香以禮請 呈玉

립이수재 재체수미 건성가민 기회자
粒而修齋 齋體雖微 虔誠可愍 冀回慈

감 곡조미성 근병일심 선진삼청
鑑 曲照微誠 謹秉一心 先陳三請

우러러 생각하옵건대, 삼보자존께옵서는 진여의 청정법계로부터 자비의 구름으로 피어나셨습니다.

몸 아니시건만 몸을 나투시니 구름같이 삼천대천세계를 두루 덮으시고, 말씀할 법이 없건만 말씀하시니, 법의 비로 팔만사천 번뇌를 씻어주시며, 갖가지 방편의 문을 여시어 끝없는 고해의 중생을 인도하시니, 구함이 있는 자, 모두 이루어 주심은 마치 깊은 골짜기의 메아리 같고, 원하는 일 모두 성취시켜 주심이 맑은 못의 달그림자 같사옵니다.

그러하옵기에, 사바세계 남섬부주 동양 대한민국 ○○도 ○○군 ○○사 청정도량에서 ○○에 거주하는 ○○○등이 이러한 인연공덕으로 ○○하게 되옵기를 바라는 소원으로 오늘 이 자리에 삼가 법의 자리 마련하옵고, 조촐한 공양구를 마련하여 끝없이 중중무진 하옵신 삼보자존께 공양드리나이다.

정성을 다하여 법요를 거행하여 신기한 가피를 바라옵는 저희들은 삼가 싱그러운 향을 사르어 정성껏 맞이하오며, 백옥같은 흰 쌀로 공양을 올리오니, 드리는 공양물은 많지 않사오나 정성 간절하오니, 자비의 광명을 거두지 마옵시고 간절한 정성 낱낱이 굽어 비추어 주시옵소서. 지극한 마음으로 이 법의 자리에 내려오시길 세 번 청하옵니다.

인례 청사 請詞 (불보살님의 자비공덕을 찬탄하고 불보살님께서 공양 받기를 청함)

나무 일심봉청
南無 一心奉請

이대자비 이위체고 구호중생 이위자
以大慈悲 而爲體故 救護衆生 以爲資

량 어제병고 위작양의 어실도자 시
糧 於諸病苦 爲作良醫 於失道者 示

기정로 어암야중 위작광명 어빈궁자
其正路 於闇夜中 爲作光明 於貧窮者

영득복장 평등요익 일체중생 청정법
永得福藏 平等饒益 一切衆生 淸淨法

신 비로자나불 원만보신 노사나불
身 毘盧遮那佛 圓滿報身 盧舍那佛

천백억화신 석가모니불 서방교주 아
千百億化身 釋迦牟尼佛 西方敎主 阿

미타불 당래교주 미륵존불 시방상주
彌陀佛 當來敎主 彌勒尊佛 十方常住

진여불보 일승원교 대화엄경 대승실
眞如佛寶 一乘圓敎 大華嚴經 大乘實

교 묘법화경 삼처전심 격외선전 시
敎 妙法華經 三處傳心 格外禪詮 十

방상주 심심법보 대지문수보살 대행
方常住 甚深法寶 大智文殊菩薩 大行

보현보살 대비관세음보살 대원본존
普賢菩薩 大悲觀世音菩薩 大願本尊

지장보살 전불심등 가섭존자 유통교
地藏菩薩 傳佛心燈 迦葉尊者 流通教

해 아난존자 시방상주 청정승보 여
海 阿難尊者 十方常住 淸淨僧寶 如

시삼보 무량무변 일일주변 일일진찰
是三寶 無量無邊 一一周徧 一一塵刹

『유원자비 연민유정 강림도량 수차
唯願慈悲 憐愍有情 降臨道場 受此

공양』(3번)
供養

나무 일심봉청(南無 一心奉請)

　대자비로 체를 삼고 중생구호 양식 삼아 병고액란 용한 의사, 길 잃은 자 바른 도사, 어둔 밤에 광명이고, 빈궁자에 보배창고, 일체중생 평등하게 이익 나눠 주시는 분, 청정법신 비로자나 부처님과 원만보신 노사나 부처님과 천백억 화신 석가모니 부처님과 극락세계 도사이신 아미타 부처님과 오는 세상 용화세계에 내려오실 미륵부처님 등 시방에 항상 계신 진여이신 불보와, 일승법의 원만한 교법인 대화엄경과 대승의 실교인 묘법연화경과 세 곳에서 마음도리 전하신 격식

밖의 선문 등 시방에 항상 계신 매우 깊은 법보와, 지혜제일 문수사리 보살과 만행제일 보현보살과 자비롭기 으뜸이신 관세음보살과 대원본존이신 지장보살과 부처님의 마음을 전해 받은 가섭존자와 교법을 전해주신 아난존자 등 시방에 항상 계신 청정한 승보인 이렇듯 삼보님께옵선 한량없고 끝없는 티끌세계 두루 하셨사오니.
『원하옵건대, 대자비를 베푸시어 이 도량에 내려오셔서 공양을 받으옵소서.』⑶번⑶

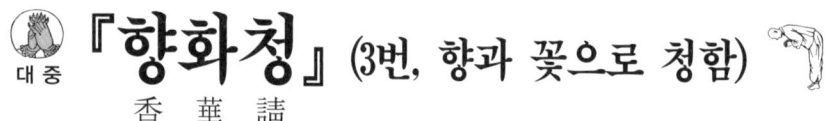

대중 『향화청』 ⑶번, 향과 꽃으로 청함⑶
　　　香 華 請

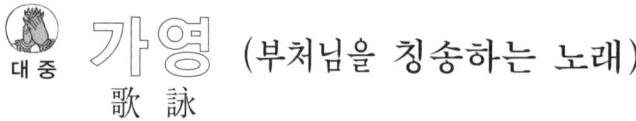

대중 가영 (부처님을 칭송하는 노래)
　　　歌 詠

불신보변시방중 삼세여래일체동
佛 身 普 徧 十 方 中 　 三 世 如 來 一 體 同

광대원운항부진 왕양각해묘란궁
廣 大 願 雲 恒 不 盡 　 汪 洋 覺 海 渺 難 窮

고아일심귀명정례
故 我 一 心 歸 命 頂 禮

부처님몸　두루하여　시방세계　충만하니
삼세여래　부처님도　또한 이와　같음이라.
광대무변　원력 구름　항상하여　다함없고
넓고넓은　진리바다　아득하여　끝없어라.
저희들은　일심으로　귀명정례　하옵니다.

헌좌진언 (삼보님을 자리에 앉도록 권하는 진언)
인례　獻座眞言

묘보리좌승장엄 제불좌이성정각
妙菩提座勝莊嚴　諸佛坐已成正覺

아금헌좌역여시 자타일시성불도
我今獻座亦如是　自他一時成佛道

묘한 보리　연화좌를　훌륭하게　장엄하니
제불보살　앉으시어　깨달음을　이루셨네.
제가 이제　올린법좌　그도 또한　이 같으니
나와 남이　모두 함께　성불하게　하옵소서.

『옴 바아라 미나야 사바하』(3번)

※ 이어서 법당의 마지쇠 혹은 마지종을 치고 마지그릇 뚜껑을 연다.

정법계진언 (법계를 깨끗이 하는 진언)
淨法界眞言

『옴 남』 (3번, 7번, 21번)

공양게 (공양물을 올리는 게송)
供養偈

공양시방조어사 연양청정미묘법
供養十方調御師 演揚淸淨微妙法

삼승사과해탈승
三乘四果解脫僧

원수애납수   원수애납수
願垂哀納受   願垂哀納受

원수자비애납수
願垂慈悲哀納受

시방삼세 부처님과 청정한 진리 펴내시는
미묘법과 삼승사과로 해탈하신
승가대중께 공양하오니
『애민으로 받으시고 자비하신 원력으로
굽어살펴 주옵소서.』 (3번)

진언권공 (공양하시기를 권함)
眞言勸供

향수나열 재자건성 욕구공양지주원
香羞羅列 齋者虔誠 欲求供養之周圓

수장가지지변화 앙유삼보 특사가지
須仗加持之變化 仰唯三寶 特賜加持

향긋한 공양을 나열함은 재자의 지극한 정성이
옵고 공양이 두루 원만히 이루어지게 하려면
가피력의 변화에 의지해야 하오니
삼보께옵선 특별히 가피를 드리우소서.

『나무시방불 나무시방법
南無十方佛 南無十方法

나무시방승』(3번)
南無十方僧

무량위덕 자재광명승묘력 변식진언
無量威德 自在光明勝妙力 變食眞言
(한량없는 위덕과 자재광명의 빼어나고 묘한 힘으로 음식을 변화시키는 진언)

『나막 살바다타 아다 바로기제 옴
삼바라 삼바라 훔』(3번)

시감로수진언 (단이슬 감로수를 베푸는 진언)
施甘露水眞言

『나무 소로바야 다타아다야 다냐타 옴 소로소로 바라소로 바라소로 사바하』(3번)

일자수륜관진언 ('밤' 한 글자로부터 대지를 받치고 있는 물만큼 많은 감로수가 솟구치는 것을 관하는 진언)
一字水輪觀眞言

『옴 밤 밤 밤밤』(3번)

유해진언 (진리인 불법의 젖을 모자람없이 베푸는 진언)
乳海眞言

『나무 사만다 못다남 옴 밤』(3번)

운심공양진언 (마음을 움직여 공양케 하는 진언)
運心供養眞言

원차향공변법계 보공무진삼보해
願此香供遍法界 普供無盡三寶海
자비수공증선근 영법주세보불은 (3번)
慈悲受供增善根 令法住世報佛恩

향긋한 공양을 법계에 두루 펴서 다함없는 삼보님께 두루 공양하오니 자비로써 공양 받고 (저희)선근 늘려 불법 오래 머물게 하여 부처님 은혜 갚게 하여지이다.

『나막 살바다타 아제뱍미 새바모계 비약 살바타캄 오나아제 바라혜맘 옴 아아나캄 사바하』(3번)

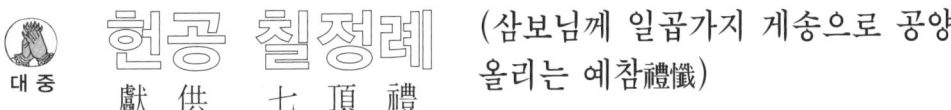
헌공 칠정례
獻供 七頂禮
대중
(삼보님께 일곱가지 게송으로 공양 올리는 예참禮懺)

지심정례공양 삼계도사 사생자부
至心頂禮供養 三界導師 四生慈父

시아본사 석가모니불
是我本師 釋迦牟尼佛

지극한 마음으로 삼계도사 사생자부

우리본사 석가모니 부처님께 공양올립니다.

지심정례공양
至心頂禮供養

시방삼세 제망찰해 상주일체 불타
十方三世 帝網刹海 常住一切 佛陀

야중
耶衆

지극한 마음으로 시방삼세 온 누리에 항상계신 부처님께 공양올립니다.

지심정례공양
至心頂禮供養

시방삼세 제망찰해 상주일체 달마
十方三世 帝網刹海 常住一切 達磨

야중
耶衆

지극한 마음으로 시방삼세 온 누리에 항상 계신 가르침에 공양올립니다.

지심정례공양
至心頂禮供養

대지문수사리보살 대행보현보살
大智文殊舍利菩薩 大行普賢菩薩

대비관세음보살 대원본존 지장보
大悲觀世音菩薩 大願本尊 地藏菩
살마하살
薩摩訶薩

지극한 마음으로 대지문수사리보살
대행보현보살 대비관세음보살 대원본존
지장보살님께 공양올립니다.

지심정례공양
至心頂禮供養
영산당시 수불부촉 십대제자 십육
靈山當時 受佛付囑 十大弟子 十六
성 오백성 독수성 내지 천이백 제
聖 五百聖 獨修聖 乃至 千二百 諸
대아라한 무량자비성중
大阿羅漢 無量慈悲聖衆

지극한 마음으로 영산당시 부처님법 부촉받으신
십대제자 십육성과 오백성 독수성현 천이백의
대아라한 무량하신 자비성중께 공양올립니다.

지심정례공양
至心頂禮供養

서건동진 급아해동 역대전등 제대
西乾東震 及我海東 歷代傳燈 諸大

조사 천하종사 일체미진수 제대선
祖師 天下宗師 一切微塵數 諸大善

지식
知識

지극한 마음으로 인도 중국 거쳐와서 우리나라 이르도록 밝은 불법 전해주신 수많은 역대조사 천하대종사 많고많은 선지식께 공양올립니다.

지심정례공양
至心頂禮供養

시방삼세 제망찰해 상주일체
十方三世 帝網刹海 常住一切

승가야중
僧伽耶衆

지극한 마음으로 시방삼세 온누리에 항상계신 승보님께 공양올립니다.

유원 무진삼보 대자대비
唯願 無盡三寶 大慈大悲
수차공양 명훈가피력 원공법계제중생
受此供養 冥薰加被力 願共法界諸衆生
자타일시성불도
自他一時成佛道

원하건대 대자비의 다함없는 삼보시여
저희 공양 받으시고 가피력을 내리시어
삼보대성 온 법계의 모든 중생 가피하여
너도나도 모두 함께 무상불도 이뤄지다

보공양진언 (모든 성중에게 두루 공양하는 진언)
普供養眞言

『옴 아아나 삼바바 바아라 훔』(3번)

보회향진언 (헌공의 공덕을 널리 회향하는 진언)
普廻向眞言

『옴 삼마라 삼마라 미만나 사라마하 자가라 바 훔』(3번)

사대주(불공시 올리는 네가지 큰 진언) ※ 사찰에 따라 전체를 가감하기도 함
四 大 呪

❶ 나무 대불정여래 밀인수증요의
南無 大佛頂如來 密因修證了義

제보살만행 수능엄신주
諸菩薩萬行 首楞嚴神呪

『다냐타 옴 아나례 비사제 비라 바아라 다리 반다 반다니 바아라 바니반 호훔 다로옹박 사바하』(3번)

※ 탁발도중 여색(女色)의 유혹에 빠진 아난을 구하기 위하여 부처님께서 설하신 진언

❷ 정본 관자재보살 여의륜주
正本 觀自在菩薩 如意輪呪

『나무 못다야 나무 달마야 나무 승가야 나무 아리야 바로기제 사라야 모지 사다야 마하 사다야 사가라 마하가로 니가야 하리다야 만다라 다냐타 가가나 바라 지진다 마니마하

무다례 루로루로 지따 하리다예 비사예 옴 부다나 부다니 야등』⑶번)

※여의륜(如意輪)관세음보살님께서 중생의 업장을 씻어주고 질병을 고쳐주시는 진언

❸ 불정심 관세음보살 모다라니
佛頂心 觀世音菩薩 姥陀羅尼

『나모라 다나다라 야야 나막 아리야 바로기제 새바라야 모지 사다바야 마하 사다바야 마하가로 니가야 다냐타 아바다 아바다 바리바제 인혜혜 다냐타 살바 다라니 만다라야 인혜혜 바라 마수다 못다야 옴 살바작수가야 다라니 인지리야 다냐타 바로기제 새바라야 살바도따 오하야미 사바하』⑶번)

※관세음보살님께서 중생들의 소망, 특히 부모님의 극락왕생을 위해 독송하면 분명 정토에 환생할 것이라고 당부하신 진언

❹ 불설소재길상다라니
佛說消災吉祥陀羅尼

『나모 사만다 못다남 아바라지 하다사 사나남 다냐타 옴 카카 카혜 카혜 훔 훔 아바라 아바라 바라아바라 바라아바라 지따 지따 지리 지리 빠다 빠다 선지가 시리예 사바하』(3번)

※ 모든 재앙을 물리치고 좋은 일만 함께 하기를 기원드리는 진언
※ 사대주는 상단불공 시에는 반드시 독송하며 사찰에 따라 가감할 수 있다.

원성취진언 (소원을 성취하는 진언)
願成就眞言

『옴 아모카 살바다라 사다야 시베 훔』(3번)

보궐진언 (불공의 공덕을 더욱 확실히 성취하도록 빠진 것을 채워주는 진언)
補闕眞言

『옴 호로호로 사야목계 사바하』(3번)

탄백 (부처님의 덕성을 찬탄함)
歎白

찰진심념가수지   대해중수가음진
刹塵心念可數知   大海中水可飮盡

허공가량풍가계   무능진설불공덕
虛空可量風可繫   無能盡說佛功德

고아일심 귀명정례
故我一心 歸命頂禮

미진수 같은 마음 다 헤아려 알고
대해의 물 마셔 다하며 허공을 헤아리고
바람을 얽어 묶을지라도
부처님의 공덕 다 말할 수 없사오니
저희들 일심으로 귀명정례하나이다.

※ 사찰의 형편에 따라 **탄백**을 하고 다음의 정근을 **생략**하거나, **탄백**을 생략하고 정근을 하기도 한다.

석가모니불 정근
釋迦牟尼佛 精勤

(정근 精勤)

나무 삼계도사 사생자부
南無 三界導師 四生慈父

시아본사 『석가모니불……』
是我本師 釋迦牟尼佛

삼계의 크신 스승이시고 자비로운 어버이신
저희들의 근본 스승이신 석가모니 부처님께
귀의합니다.「석가모니불……」

(귀명찬게 歸命讚偈)

천상천하무여불 시방세계역무비
天上天下無如佛 十方世界亦無比

세간소유아진견 일체무유여불자
世間所有我盡見 一切無有如佛者

고아일심 귀명정례
故我一心 歸命頂禮

하늘위나 하늘아래 우뚝하시어
시방법계 그누구도 비할바없네
모든세상 온갖곳을 다둘러봐도
부처님과 같은분은 없으시오니
저희들 일심으로 귀명정례하나이다.

참회게와 회향게
懺悔偈　廻向偈

원멸 사생육도 법계유정
願滅 四生六道 法界有情

다겁생래제업장
多劫生來諸業障

아금참회계수례 원제죄장실소제
我今懺悔稽首禮 願諸罪障悉消除

세세상행보살도 (3번)
世世常行菩薩道

원하노니 사생육도 온갖 중생들
다겁생에 지은 업장 소멸하길 원하오며
저희이제 간절한 마음으로 참회하오니
모진 악업 나쁜 번뇌 녹여버리고
세세생생 보살도를 닦아지이다.

원이차공덕 보급어일체
願以此功德 普及於一切

아등여중생 당생극락국
我等與衆生 當生極樂國

동견무량수 개공성불도
同見無量壽 皆共成佛道

원컨대 이 공덕 두루 일체 중생에게 회향하오니
나와 모든 중생들 모두 함께 극락세계 태어나
다같이 아미타불 뵈옵고 나와 온갖 이웃들
모두 함께 성불하여지이다.

※ 정근이 끝난 후 이어지는 다음의 「삼보축원」은 법주인 스님이 합장하고 축원성으로 천천히 진행하며 '허수낭감許垂朗鑑'에서 다함께 목탁에 맞춰 삼배한다.

삼보축원 (삼보님 전에 올리는 축원문)
三寶祝願

인례

※ 부처님 제세시에 공양을 마치고 난 후 시주한 사람에게 부처님께서 축원해 준 것을 재현

앙고 시방삼세 제망중중 무진삼보자
仰告 十方三世 帝網重重 無盡三寶慈

존 불사자비 허수낭감
尊 不捨慈悲 許垂朗鑑

상래소수공덕해 회향삼처실원만
上來所修功德海 回向三處悉圓滿

시이 사바세계 차사천하 남섬부주
是以 娑婆世界 此四天下 南贍部洲

동양 대한민국 (주소) ○○사 청정
東洋 大韓民國 寺 淸淨水

수월도량 원아금차 지극정성 헌공발
月道場 願我今此 至極精誠 獻供發

원재자 대한민국 ○○거주 ○○보체
願齋者 大韓民國 居住 保體

시회대중 청신사 청신녀 동남 동녀
時會大衆 靑信士 靑信女 童男 童女

백의단월 각각등 보체 이차인연공덕
白衣檀越 各各等 保體 以此因緣功德

앙몽제불보살 가피지묘력 일체재화
仰蒙諸佛菩薩 加被之妙力 一切災禍

일체마장 영위소멸 가내안과태평 재
一切摩障 永爲消滅 家內安過太平 財

수대통 사업번창 자손창성 무병장수
數大通 事業繁昌 子孫昌盛 無病長壽

만사형통지대원 각기심중소구 여
萬事亨通之大願 各其心中所求 如

의원만 일일유 천상지경 시시무 백
意圓滿 日日有 千祥之慶 時時無 百

해지재 수산고흘 복해왕양지대원
害之災 壽山高屹 福海汪洋之大願

동참재자 각각등 보체 불법문중 신
同參齋者 各各等 保體 佛法門中 身

심견고 영불퇴전 발아뇩다라삼먁삼
心堅固 永不退轉 發阿耨多羅三藐三

보리지대원
菩提之大願

참선자 의단독로 염불자 삼매현전
參禪者 疑團獨露 念佛者 三昧現前

간경자 혜안통투 주력자 업장소멸
看經者 慧眼通透 呪力者 業障消滅

병고자 즉득쾌차 운전자 안전운행
病苦者 卽得快差 運轉者 安全運行

박복자 복덕구족 빈궁자 영득복장
薄福者 福德具足 貧窮者 永得福藏

어실도자 시기정로 학업자 지혜총명
於失道者 示其正路 學業者 智慧聰明

사업자 사업번창 농업자 오곡풍성
事業者 事業繁昌 農業者 五穀豊盛

공업자 안전조업 상업자 재수대통
工業者 安全操業 商業者 財數大通

직무자 직분성취 각기심중소구소원
職務者 隨分成就 各其心中所求所願

여의원만성취지대원
如意圓滿成就之大願

앙원 금차 헌공발원재자 ○○○ 각
仰願 今此 獻供發願齋者　　　　各

각 등 복위
各 等 伏爲

상서선망 사존부모 다생사장 누대종
上逝先亡 師尊父母 多生師長 累代宗

친 제형숙백 자매질손 원근친척 일
親 弟兄叔伯 姉妹姪孫 遠近親戚 一

체권속등 각열위열명영가 이차인연
切眷屬等 各列爲列名靈駕 以此因緣

공덕 즉왕생극락세계 친견미타 몽불
功德 卽往生極樂世界 親見彌陀 蒙佛

수기 돈오무생법인지대원
受記 頓悟無生法忍之大願

연후원 항사법계 무량불자등 동유화
然後願 恒沙法界 無量佛子等 同遊華

장장엄해 동입보리대도량 상봉화엄
藏莊嚴海 同入菩提大道場 常逢華嚴

불보살 항몽제불대광명 소멸무량중
佛菩薩 恒蒙諸佛大光明 消滅無量重

죄장 획득무량대지혜 돈성무상최정
罪障 獲得無量大智慧 頓成無上最正

각 광도법계제중생 이보제불막대은
覺 廣度法界諸衆生 以報諸佛莫大恩

세세상행보살도 구경원성살바야
世世常行菩薩道 究竟圓成薩婆若

마하반야바라밀 (3번)
摩訶般若波羅蜜

나무석가모니불
南無釋迦牟尼佛

나무석가모니불
南無釋迦牟尼佛

나무시아본사 석가모니불
南無是我本師 釋迦牟尼佛

 시방삼세 제망중중 다함없는 삼보자존께 우러러 고하노니 대자비로 살펴주옵소서. 이제 바다 같은 공덕으로 보리, 실제, 중생 세 곳에 회향하오니 모두 다 원만하여지이다.
 사바세계 남섬부주 동양 대한민국 (주소) ○○사 청정수월 도량에서 원하옵건대 금일 지극한 정성으로 공양 올리는 재자는 대한민국 ○○처 거주 ○○○ 보체입니다.

 이외에도 오늘 모인 대중인 청신사 청신녀 동남 동녀 백의단월 ○○○ 각각 등 보체들이 이러한 인연공덕으로 제불보살님의 보살피시는 오묘한 가피력을 받아서, 일체의 재앙과 마장이 영원히 소멸되고, 제각기 동서사방 출입하는 곳마다 언제나 좋은 일 만나고 해로운 일 만나지 않으며, 삼재팔난 사백사병 한꺼번에 소멸되고, 사대가 강건하고 육근이 청정하여 철석 같은 몸이 되고, 태산 같은 마음 되어 가정이 모두 화목하고 편안한 삶을 살고, 재수가 대통하고 사업이 번창하며, 자손은 창성하고 복덕이 구족하며, 병고가 없고 수명이 길어지며, 온갖 일이 형통하여 어려운 일 사라지고, 마음속에 구하던 바 뜻과 같이 원만하게 성취하며, 매일매일 여러가지 상서로운 경사 있고, 어느 때나 일체재앙 없어지고, 수명은 태산 같이 길어지고, 복덕은 바다처럼 넓어지기를 널리 살펴 주옵소서.

거듭 원하오니, 동참재자 ○○○ 보체님들은 부처님 집안에서 신심이 견고하여 영원히 물러나지 아니하고, 보리행원 닦고 닦아 아뇩다라삼먁삼보리를 속득 성취하여지이다.

 참선자는 의단이 드러나고, 염불자는 삼매가 현전하며, 간경자는 혜안이 열리고, 주력자는 업장이 소멸되며, 박복자는 복덕이 구족하고, 병고자는 곧바로 쾌차하며, 운전자는 안전하게 운행하고, 빈궁자는 오래오래 복 얻으며, 길 잃은 자 바른 길을 보여주고, 학업자는 지혜가 총명하며, 사업자는 사업이 번창하고, 농업자는 오곡이 풍성하며, 공업자는 안전하게 조업하고, 상업자는 재수가 대통하며, 직무자는 직분 따라 성취하고 제각기 마음속에 구하며 바라는 바 뜻과 같이 원만하게 성취되기를 원하옵니다.

 거듭 바라옵건대, 저희 이제 공양 올려 발원하는 재자 ○○○ 각각 등 복위, 윗대로 돌아가신 존엄하신 부모님, 여러 생의 스승님, 여러 대의 종친들, 형제 숙부, 백부, 자매, 조카, 손자, 멀고 가까운 친척 일체 권속 등 각열위열명 영가께서 이러한 인연공덕으로 곧바로 극락에 왕생하여 아미타부처님을 친견하고 부처님의 수기를 받으시고 무생법인 곧바로 깨닫기를 원하옵니다.

 그리고 마지막으로 원하오니, 항하강의 모래알 같은 한없는 불자들이 장엄한 연화장 바다에 같이 노닐며, 보리 대도량에 함께 들어가 화엄세계 불보살을 항상 뵈오며, 모든 부처님의 대광명을 입고 무량한 무거운 죄업장이 소멸되며, 무량한 대지혜를 얻어 단번에 위없는 가장 바른 깨달음을 이루옵고, 법계의 모든 중생들을 널리 제도하여 이로써 모든 부처님들의 더할 나위없는 은혜를 갚사오며, 세상마다 보살도를 실천하여 끝내는 부처님 같은 일체지가 원만하게 이루어지이다.
마하반야바라밀

 나무 석가모니불
 나무 석가모니불
 나무 시아본사 석가모니불

중단퇴(권)공 中壇退(勸)供

※ 상단불공을 마치면 상단에 올렸던 공양물을 신중단으로 옮긴 후 올리는 퇴공의식
※ 사찰에 따라서 「반야심경」만으로 대체하기도 한다.

진공진언 (공양이 시작됨을 알리는 진언)
進供眞言

『옴 살바 반자 사바하』 (3번)

공양게 (공양올리는 게송)
供養偈

이차청정향운공 봉헌옹호성중전
以此淸淨香雲供 奉獻擁護聖衆前

감찰재자건간심
鑑察齋者虔懇心

원수애납수 원수애납수
願垂哀納受 願垂哀納受

원수자비애납수
願垂慈悲哀納受

청정한 향구름의 공양거리를 옹호하는 성현앞에
바쳐 올리니 저희들의 간절한 마음 살펴주시사
어여삐 여겨 이 정성을 받아주소서
어여삐 여겨 이 정성을 받아주소서
자비로써 이 정성을 받아주소서

신중단 예참
神衆壇 禮懺

대중

지심정례공양 진법계 허공계 화엄회상
至心頂禮供養盡法界虛空界華嚴會上

상계욕색제천중
上界欲色諸天衆

온 법계 허공계의 화엄회상 욕계 색계 하늘의 여러 대중께 지심으로 절하옵고 공양합니다.

지심정례공양 진법계 허공계 화엄회상
至心頂禮供養盡法界虛空界華嚴會上

중계팔부사왕중
中界八部四王衆

온법계 허공계의 화엄회상 팔부중과 사천왕의 여러 대중께 지심으로 절하옵고 공양합니다.

지심정례공양 진법계 허공계 화엄회상
至心頂禮供養盡法界虛空界華嚴會上

하계일체 호법선신 영기등중
下界一切護法善神靈祇等衆

온 법계 허공계의 화엄회상 불법을 옹호하는
착한 신들께 지심으로 절하옵고 공양합니다.

유원 신중자비 옹호도량
唯願 神衆慈悲 擁護道場

실개수공 발보리 시작불사 도중생
悉皆受供 發菩提 施作佛事 度衆生

원컨대 성중께선 큰 자비로써 이 도량을
보살피시며 모두 다 공양받아 구도심을 내고
불사 일으키시어 여러 중생 건져지이다.

보공양진언 (모든 성중에게 두루 공양하는 진언)
普供養眞言

『옴 아아나 삼바바 바아라 훔』 (3번)

마하반야바라밀다심경
摩訶般若波羅蜜多心經

관자재보살 행심반야바라밀다시 조
觀自在菩薩 行深般若波羅蜜多時 照

견오온개공 도일체고액 사리자 색불
見五蘊皆空 度一切苦厄 舍利子 色不

이공 공불이색 색즉시공 공즉시색
異空 空不異色 色卽是空 空卽是色

수상행식 역부여시 사리자 시제법공
受想行識 亦復如是 舍利子 是諸法空

상 불생불멸 불구부정 부증불감 시
相 不生不滅 不垢不淨 不增不減 是

고 공중무색 무수상행식 무안이비설
故 空中無色 無受想行識 無眼耳鼻舌

신의 무색성향미촉법 무안계 내지
身意 無色聲香味觸法 無眼界 乃至

무의식계 무무명 역무무명진 내지
無意識界 無無明 亦無無明盡 乃至

무노사 역무노사진 무고집멸도 무지
無老死 亦無老死盡 無苦集滅道 無智

역무득 이무소득고 보리살타 의반야
亦無得 以無所得故 菩提薩埵 依般若

바라밀다고 심무가애 무가애고 무유
波羅蜜多故 心無罣碍 無罣碍故 無有

공포 원리전도몽상 구경열반 삼세제
恐怖 遠離顚倒夢想 究竟涅槃 三世諸

불 의반야바라밀다고 득아뇩다라삼
佛 依般若波羅蜜多故 得阿耨多羅三

막삼보리 고지 반야바라밀다 시대신
藐三菩提 故知 般若波羅蜜多 是大神

주 시대명주 시무상주 시무등등주
呪 是大明呪 是無上呪 是無等等呪

능제일체고 진실불허 고설 반야바라
能除一切苦 眞實不虛 故說 般若波羅

밀다주 즉설주왈
蜜多呪 卽說呪曰

『아제 아제 바라아제 바라승아제 모지 사바하』(3번)

※ 우리말 반야심경 59쪽

불설소재길상다라니 (재앙을 소멸하고 상서로움을 부르는 진언)
佛說消災吉祥陀羅尼

『나모 사만다 못다남 아바라지 하다사 사나남 다냐타 옴 카카 카혜 카혜 훔 훔 아바라 아바라 바라 아바라 바라 아바라 지따 지따 지리 지리 빠다 빠다 선지가 시리예 사바하』(3번)

원성취진언 (소원을 성취하는 진언)
願成就眞言

『옴 아모카 살바다라 사다야 시베 훔』 (3번)

보궐진언 (불공의 공덕을 더욱 확실히 성취하도록 부족함을 채워주는 진언)
補闕眞言

『옴 호로호로 사야목계 사바하』 (3번)

보회향진언 (헌공의 공덕을 널리 회향하는 진언)
普回向眞言

『옴 삼마라 삼마라 미만나 사라마하 자가라 바 훔』 (3번)

신중정근
神衆精勤

나무 불법문중 불리수호 옹호도량
南無 佛法門中 不離守護 擁護道場

『화엄성중…』
華嚴聖衆

불법을 믿고 따른 모든 이들 잠시도 떠나지
않고 지켜주시는 화엄성중께 귀의합니다.

화엄성중혜감명 사주인사일념지
華嚴聖衆慧鑑明 四洲人事一念知

애민중생여적자 시고아금공경례
哀愍衆生如赤子 是故我今恭敬禮

화엄성중 지혜로서 밝게비추사
온갖세상 사람의일 환히아시고
우리들을 자식처럼 살펴주시니
제가이제 공경하며 예배합니다.

신중축원 (신중님께 올리는 축원)
神衆祝願

앙고 화엄회상 제대성현 첨수연민
仰告 華嚴會上 諸大聖賢 僉垂憐愍

지지정 각방신통지묘력 시이 사바
之至情 各放神通之妙力 是以 娑婆

세계 남섬부주 동양 대한민국 (주소)
世界 南贍部洲 東洋 大韓民國

○○산하 ○○사 청정수월도량
山下 寺 淸淨水月道場

원아금차 지극정성 헌공발원재자
願我今此 至極精誠 獻供發願齋者

사시예불 발원재자 각각등보체 앙
巳時禮佛 發願齋者 各各等保體 仰

몽화엄성중 가호지묘력 신무일체병
蒙華嚴聖衆 加護之妙力 身無一切病

고 재악작난 영위소멸 각기사대강
苦 災惡作難 永爲消滅 各其四大强

건 육근청정 악인원리 귀인상봉 자
健 六根淸淨 惡人遠離 貴人相逢 子

손창성 부귀영화 만사일일 여의원
孫昌盛 富貴榮華 萬事日日 如意圓

만성취지발원
滿成就之發願

재고축 원아금차 지극지정성 발원
再告祝 願我今此 至極之精誠 發願

재자 각각등보체 각기 동서사방 출
齋者 各各等保體 各其 東西四方 出

입제처 상봉길경 불봉재악 관재구
入諸處 常逢吉慶 不逢災惡 官災口

설 삼재팔난 사백사병 일시소멸 재
舌 三災八難 四百四病 一時消滅 財

수대통 부귀영화 만사여의 원만형
數大通 富貴榮華 萬事如意 圓滿亨

통지대원
通之大願

연후원 처세간여허공 여련화불착수
然後願 處世間如虛空 如蓮華不着水

심청정초어피 계수례 화엄성중존
心淸淨超於彼 稽首禮 華嚴聖衆尊

구호길상
俱護吉祥

 마하반야바라밀(3번)
摩訶般若波羅蜜

우러러 화엄회상의 여러 성현님께 사뢰옵니다. 모두에게 가엾이 여기는 마음을 내리시고 모두에게 신통의 힘을 발현해 주옵소서.

지금 이 자리에 지극한 정성으로 발원하옵는 사시예불 발원재자 사바세계 남섬부주 동양 대한민국 (주소) ○○산하 ○○사 청정 수월도량에서 각각 등 보체는 화엄회상 제대성현의 가호의 힘을 입으시어 몸에는 일체 병고가 없고, 온갖 재앙과 장애와 어려움이 영원히 소멸되오며, 제각기 사대가 강건하고 육근이 청정하여, 악한 사람은 멀리 여의고, 귀한 사람은 많이 만나게 하여 주옵소서.
그리하여 자손이 창성하고 부귀영화를 누리며, 모든 일이 날마다 여의원만 성취케 하여 주옵소서.
다시 원하옵건대, 오늘 발원하옵는 ○○○ 각각 등 보체, 각기 동서사방 온갖 곳을 출입하더라도 항상 경사만 만나고 재앙을 만나지 않게 해 주시고, 관재구설이며 삼재팔난이며, 사백사병 등이 일시에 소멸되오며, 재수대통 부귀영화하여 만사여의 형통하여지이다.
그리고 거듭 원하오니, 이 세상 살아가기를 허공같이 되오며 연꽃에 물이 묻지 않듯 마음이 청정하여 저 언덕으로 뛰어넘게 해 주옵소서.
모든 길상 잘 보호하시는 무상존께 머리 숙여 경례하옵니다.
마하반야바라밀(3번)

생각도 없고 근심도 없고 아무것도 걸릴 것 없으니

한가히 가고 한가히 와서 자연에 맡기노라

산골짝 시냇물에 머물러 있으니

해와 달을 따라 세월이 흐르는구나

독송편

욕심을 따라 가볍게 움직이는 마음은 지제하기가 쉽지 않다.

그 마음을 억제하는 일은 훌륭하니, 절제된 마음은 즐거움을 준다.

욕심을 따라 가볍게 움직이는 마음은 아주 섬세하여 보기 어렵다.

지혜있는 자는 스스로 지키나니, 잘 지켜진 마음은 즐거움을 준다.

1. 의상조사 법성게
義湘祖師 法性偈

신라때 의상義湘대사께서 화엄경에서 설하는 '진리의 참모습[法性]', 곧 화엄사상의 정수를 30구절에 압축한 게송

법성원융무이상	제법부동본래적
法性圓融無二相	諸法不動本來寂
무명무상절일체	증지소지비여경
無名無相絶一切	證智所知非餘境
진성심심극미묘	불수자성수연성
眞性甚深極微妙	不守自性隨緣成
일중일체다중일	일즉일체다즉일
一中一切多中一	一卽一切多卽一
일미진중함시방	일체진중역여시
一微塵中含十方	一切塵中亦如是
무량원겁즉일념	일념즉시무량겁
無量遠劫卽一念	一念卽是無量劫
구세십세호상즉	잉불잡란격별성
九世十世互相卽	仍不雜亂隔別成
초발심시변정각	생사열반상공화
初發心時便正覺	生死涅槃相共和
이사명연무분별	십불보현대인경
理事冥然無分別	十佛普賢大人境

능인해인삼매중 번출여의부사의
能仁海印三昧中 繁出如意不思議

우보익생만허공 중생수기득이익
雨寶益生滿虛空 衆生隨器得利益

시고행자환본제 파식망상필부득
是故行者還本際 叵息妄想必不得

무연선교착여의 귀가수분득자량
無緣善巧捉如意 歸家隨分得資糧

이다라니무진보 장엄법계실보전
以陀羅尼無盡寶 莊嚴法界實寶殿

궁좌실제중도상 구래부동명위불
窮坐實際中道床 舊來不動名爲佛

법성게(우리말)

뚜렷하온 법의성품 한결같은 모습이여
온갖법이 제자리라 본래부터 고요하네.
이름없고 모양없어 일체분별 끊었으니
지혜로서 증득할뿐 지식으론 알수없네.

참된성품 깊고깊어 지극히도 미묘하여

본래자성 따르잖고 인연따라 이뤄지니
하나속의 모두이듯 모든속의 하난지라
하나가곧 그모두요 모두가곧 하나로다.

한티끌속 그가운데 시방세계 담겨있듯
온갖세상 모든티끌 또한그와 같나니라.
셀수없는 오랜세월 한생각의 찰라이듯
한생각의 그순간도 한량없는 세월일세.

시간속에 거듭시간 엉켜있는 모양이나
뒤섞이지 아니하고 서로따로 이뤄지네.
처음발심 했을때가 깨달음의 바른자리
나고죽음 무여열반 서로함께 조화롭네.

진리이던 현상이던 나눌것이 본래없어
온갖부처 보현보살 대인들의 경계로다.
온갖성현 어진이들 해인삼매 가운데서
부사의한 온갖방편 뜻과같이 베푸시어

중생위한 감로법우 허공가득 뿌려주니
모든중생 근기따라 이익됨을 얻는다네.

그러므로 수행자가 무상정각 이루려면
분별망상 쉬잖고는 결코얻지 못하리니
인연없는 방편으로 여의주를 잡는다면
고향에갈제 분수따라 많은양식 얻으리라.

신묘하온 다라니의 다함없는 보배로서
화장법계 보배궁전 장엄하게 세우고서
실제적멸 중도옥좌 당당하게 앉고보면
본래부터 변함없는 그이름이 부처로다.

2. 무상계
無常戒

세상의 모든 존재는 고유한 실체가 없어 영원할 수 없다『無我·無常』는 가르침이며,
원효대사께서 무두귀無頭鬼들을 제도하기 위하여 지었다고도 전해진다.
영가로 하여금 세상의 덧없음을 깨닫고 삼보에 의지하여 극락왕생하도록 이끄는 게송이다.

부무상계자는 **입열반지요문**이요 **월고**
夫 無 常 戒 者   入 涅 槃 之 要 門   越 苦

해지자항이라 **시고**로 **일체제불**이 **인차**
海 之 慈 航   是 故   一 切 諸 佛   因 此

계고로 **이입열반**하시고 **일체중생**도 **인차**
戒 故   而 入 涅 槃   一 切 衆 生   因 此

계고로 **이도고해**하나니라
戒 故   而 度 苦 海

○○**영가**여 **여금일**에 **형탈근진**하고 **영**
    靈 駕   汝 今 日   逈 脫 根 塵   靈

식독로하여 **수불무상정계**하니 **하행여야**오
識 獨 露   受 佛 無 上 淨 戒   何 幸 如 也

○○**영가**여 **겁화통연**하여 **대천구괴**하고
    靈 駕   劫 火 洞 然   大 千 俱 壞

수미거해도 **마멸무여**어든 **하황차신**의
須 彌 巨 海   磨 滅 無 餘   何 況 此 身

생로병사와 우비고뇌를 능여원위아
生老病死　憂悲苦惱　能與遠違

○○영가여 발모조치와 피육근골과 수
靈駕　髮毛爪齒　皮肉筋骨　髓

뇌구색은 개귀어지하고 타체농혈과 진
腦垢色　皆歸於地　唾涕膿血　津

액연말과 담루정기와 대소변리는 개귀
液涎沫　痰淚精氣　大小便利　皆歸

어수하고 난기는 귀화하고 동전은 귀풍하여
於水　煖氣　歸火　動轉　歸風

사대각리하면 금일망신이 당재하처오
四大各離　今日亡身　當在何處

○○영가여 사대허가하여 비가애석이라
靈駕　四大虛假　非可愛惜

여종무시이래로 지우금일이 무명연행
汝從無始已來　至于今日　無明緣行

하고 행연식하며 식연명색하고 명색연육입
行緣識　識緣名色　名色緣六入

하며 육입연촉하고 촉연수하며 수연애하고
六入緣觸　觸緣受　受緣愛

애연취하며 취연유하고 유연생하며 생연노
愛緣取　取緣有　有緣生　生緣老

사우비고뇌하나니 무명멸즉행멸하고 행
死憂悲苦惱　無明滅則行滅　行

멸즉식멸하며 식멸즉명색멸하고 명색멸
滅則識滅　識滅則名色滅　名色滅

즉육입멸하며 육입멸즉촉멸하고 촉멸즉
則六入滅　六入滅則觸滅　觸滅則

수멸하며 수멸즉애멸하고 애멸즉취멸하며
受滅　受滅則愛滅　愛滅則取滅

취멸즉유멸하고 유멸즉생멸하며 생멸즉
取滅則有滅　有滅則生滅　生滅則

노사우비고뇌멸하느니라
老死憂悲苦惱滅

제법종본래로 상자적멸상이니 불자행
諸法從本來　常自寂滅相　佛子行

도이하면 내세득작불하리라 제행이 무상이라
道已　來世得作佛　諸行　無常

시생멸법이니 생멸이 멸이하면 적멸이 위
是生滅法　生滅　滅已　寂滅　爲

락이니라 귀의불타계하고 귀의달마계하며
樂　　　歸依佛陀戒　　　歸依達磨戒

귀의승가계하라 나무과거보승여래 응
歸依僧伽戒　　南無過去寶勝如來　應

공 정변지 명행족 선서 세간해 무
供　正遍知　明行足　善逝　世間解　無

상사 조어장부 천인사 불 세존이니라
上士　調御丈夫　天人師　佛　世尊

○○영가여 탈각오음각루자하고 영식
靈駕　　脫却五陰殼漏子　　靈識

독로하며 수불무상정계하니 기불쾌재며
獨露　　受佛無上淨戒　　豈不快哉

기불쾌재아 천당불찰에 수념왕생하리니
豈不快哉　　天堂佛刹　　隨念往生

쾌활쾌활이로다
快活快活

서래조의최당당　　자정기심성본향
西來祖意最堂堂　　自淨其心性本鄉

묘체담연무처소　　산하대지현진광
妙體湛然無處所　　山河大地現眞光

무상계 無常戒 (우리말)

무상계는 열반세계 들어가는 문이되고
생사고해 건너가는 자비로운 배입니다
부처님도 이계로써 대열반에 드시옵고
중생들도 이계로써 생사고해 건너가니

영가시여 그대들은 오늘날에 이르러서
눈귀코혀 몸과뜻과 색과소리 냄새와맛
접촉대상 인식대상 그모든것 벗어나서
신령스런 맑은식이 오롯하게 드러나서
부처님의 한이없는 청정계를 받게되니
이얼마나 다행하고 기쁜일이 아닙니까?

영가시여 때가되면 세계도다 무너지고
수미산과 큰바다도 모두말라 없어지니
하물며 이몸뚱이 그대로 있으리요
생로병사 근심고뇌 그칠새가 없사오니

영가시여　머리털과　손톱발톱　이빨들과
가죽과살　힘줄과뼈　두개골과　이몸뚱이
굳은것은　모두가다　흙으로써　돌아가고
침과눈물　고름과피　진액과땀　가래눈물
모든정액　대소변은　모두물로　돌아가고
내몸속의　더운기운　모두불로　돌아가고
움직이는　동작들은　바람으로　돌아가서
네요소가　각각서로　흩어지게　되옵나니
오늘날의　영가몸이　그어디에　있으리요

영가시여　네요소가　허망하고　거짓이니
사랑하고　아낄것이　그하나도　없습니다

○○ 영가시여,
끝이없는　옛날부터　오늘날에　이르도록
무명으로　말미암아　행이　　　있게되고
행으로　　말미암아　식이　　　있게되고

식으로   말미암아   명색이   있게되고
명색으로   말미암아   육입이   있게되고
육입으로   말미암아   접촉이   있게되고
접촉으로   말미암아   느낌이   있게되고
느낌으로   말미암아   사랑이   있게되고
사랑으로   말미암아   취함이   있게되고
취함으로   말미암아   있음이   있게되고
있음으로   말미암아   태어남이   있게되고
태어남을   말미암아   늙고죽음   근심걱정
괴로움이   있습니다

무명이   없어지면   행이또한   없어지고
행이   없어지면   식이또한   없어지고
식이   없어지면   명색또한   없어지고
명색이   없어지면   육입또한   없어지고
육입이   없어지면   접촉또한   없어지고
접촉이   없어지면   느낌또한   없어지고

느낌이　　　없어지면　　사랑또한　　없어지고
사랑이　　　없어지면　　취함또한　　없어지고
취함이　　　없어지면　　있음또한　　없어지고
있음이　　　없어지면　　태어남이　　없어지고
태어남이　　없어지면　　늙고죽음　　없어지고
근심격정　　괴로움도　　모두모두　　없어지오
모든것은　　본래항상　　고요한　　　모습이니
불자들이　　이이치를　　깨닫고서　　수행하면
오는세상　　틀림없이　　부처님이　　되오리다

모든것은　　무상하여　　나고죽는　　법이오니
태어나고　　죽는것이　　모두다　　　사라지면
고요한　　　대열반의　　즐거움을　　누리리다

거룩하신　　불보님께　　목숨바쳐　　의지하고
거룩하신　　법보님께　　목숨바쳐　　의지하고
거룩하신　　승보님께　　목숨바쳐　　의지하고

과거의　　　보승여래 응공 정변지 명행족
선서　　세간해　무상사　조어장부 천인사
불 세존께 목숨바쳐　절합니다.

영가시여, 오온의　　　껍데기를　벗어나고
신령스런　맑은식이　　오롯하게　드러나서
부처님의　위없는　　　청정계를　받게되니
이 어찌　상쾌하고　　기쁘지　　않으리요.
천당극락　불국토에　　마음대로　가서나니
상쾌하고　좋을시고　　상쾌하고　좋을시고

서쪽에서　오신조사　　그뜻이　　당당하여
내마음을　맑게하니　　본성이　　고향이라
묘한본체　맑고밝아　　머무는곳 없사오니
산과물과　온대지가　　참다운빛 드러내네.

파지옥진언 (지옥고에 시달리는 중생을 구제하는 진언)
破地獄眞言

『옴 가라지야 사바하』(3번)

해원결진언 (맺힌 원결을 풀어주는 진언)
解寃結眞言

『옴 삼다라 가다약 사바하』(3번)

상품상생진언 (극락세계에 태어나길 서원하는 진언)
上品上生眞言

『옴 마니다니 훔훔 바탁 사바하』(3번)

 왕생게 (극락정토에 왕생하길 기원드리는 게송)
往生偈

원왕생 원왕생 왕생극락견미타
願往生 願往生 往生極樂見彌陀
획몽마정수기별
獲蒙摩頂授記莂

왕생하기 원합니다.
극락세계 태어나서 아미타불 뵈옵고
저희이마 만져주며 수기받기 원합니다.

원왕생 원왕생 원재미타회중좌
願往生 願往生 願在彌陀會中坐
수집향화상공양
手執香華常供養

왕생하기 원합니다.
아미타불 회상 태어나 향과 꽃으로
항상 공양올리기 원하옵니다.

원왕생 원왕생 왕생화장연화계
願往生 願往生 往生華藏蓮華界
자타일시성불도
自他一時成佛道

왕생하기 원합니다.
극락세계 연화장세계 태어나
모두함께 성불하기 원하옵니다.

3. 각종 진언
-영가를 위한 왕생기도往生祈禱 중심으로-

(1) 광명진언 (미망의 어둠 깨뜨리고 광명세계로 나서는 진언)
光明眞言

옴 아모카 바이로차나 마하무드라 마니 파드마 즈바라 프라파를타야 훔

※만일 어떤 중생이 십악업과 오역죄와 사중죄를 지은 것이 세상에 가득한 먼지처럼 많아 목숨을 마치고 나쁜 세계에 떨어지게 되었을지라도 이 진언을 108번 외운 흙모래를 죽은 이의 시신 위에 흩어주거나 묘 위나 탑 위에 흩어주면, 죽은 이가 지옥에 있거나 아귀, 아수라, 축생 세계에 있거나 그 모래를 맞게 된다. 그리하여 모든 부처님과 비로자나 부처님 진언의 본원과 광명진언을 외운 흙모래의 힘으로 즉시 몸에 광명을 얻게 되고 모든 죄의 업보를 없애게 된다. 그래서 고통받는 몸을 버리고 서방 극락세계에 가게 되어 연화대에 환생할 것이다. (원효대사 「유심안락도」 中)

(2) 해원결진언 (풀어내지 못한 모든 원한을 풀어주는 진언)
解怨結眞言

옴 삼다라 가닥 사바하

(3) 무량수불설 왕생정토주 (한량없는 생명을 지닌 아미타 부처님께 귀의하며 왕생을 기원드리는 진언)
無量壽佛說 往生淨土呪

나무 아미다바야 다타가다야 다디야 타 아미리도바비 아미리다 싯담바비

아미리다 비가란제 아미리다 비가란다 가미니 가가나 깃다가례 사바하

결정왕생 정토진언 (반드시 극락정토에 태어나겠다는 서원을 세우고 다지는 진언)
決定往生 淨土眞言

나무 사만다 못다남 옴 아마리 다바베 사바하

상품상생진언 (극락세계에 태어나길 기원드리는 진언)
上品上生眞言

옴 마리다리 훔훔바탁 사바하

(4) 선망부모 왕생정토진언 (돌아가신 과거 현재 모든 부모님을 왕생 극락케 하는 진언)
先亡父母 往生淨土眞言

나모 사만다 못다남 옴 숫제유리 사바하

보부모은중진언 (선망부모 조상님의 은혜를 갚겠다는 진언)
報父母恩重眞言

옴 아아나 사바하

(5) 지장보살 츰부다라니
地藏菩薩 讖蒲陀羅尼

츰부 츰부 츰츰부 아가셔츰부 바결랍츰부 암발랍츰부 비라츰부 발결랍츰부 아루가츰부 담뭐츰부 살더뭐츰부 살더닐하뭐츰부 비바루가찰뭐츰부 우붜셤뭐츰부 내여나츰부 뷜랄여삼므디랄나츰부 찰나츰부 비실바리여츰부 셔살더랄바츰부 비어자수재 맘히리 담미셤미 잡결랍시 잡결랍뭐스리 치리 시리 결랄붜뷜러발랄디 히리 벌랄비 뷜랄저리니달니 헐랄달니 붜러 져 져져져 히리 미리 이결타탑기 탑규루 탈리 탈리 미리 뭐대 더 대

구리 미리 앙규즈더비 얼리 기리
붜러기리 규차섬뮈리 징기 둔기
둔규리 후루 후루 후루 규루술두
미리 미리대 미리대 뷘자더 허러
히리 후루 후루루

※ 우리들 죄업을 참회하며 지장보살의 서원과 하나되길 발원하는 진언으로 지장
『십륜경』의 〈서품〉에 독송공덕이 상세하게 나와 있다.

(6) 지장보살 멸정업진언 (지장보살께서 결정적으로 받게 된 죄업을 소멸시켜 주시는 진언)
地藏菩薩滅定業眞言

옴 바라 마니다니 사바하

(7) 파지옥진언 (지옥문을 열어뜨려 고통에 시달리는 모든 영가들이 불보살님의 가피력으로 구제되기를 기원드리는 진언)
破地獄眞言

① 옴 가라지야 사바하

② 나모 아다시지남 삼먁삼못다 구치남
옴 아자나 바바시 지리지리 훔

(8) 해탈주
解脫呪

나무 동방 해탈주세계 허공공덕
南無 東方 解脫呪世界 虛空功德

청정미진 등목단정 공덕상 광명화
淸淨微塵 等目端正 功德相 光明華

파두마 유리광 보체상 최상향 공양흘
彼頭摩 琉璃光 寶體相 最上香 供養訖

종종장엄정계 무량무변 일월광명
種種莊嚴頂髻 無量無邊 日月光明

원력장엄 변화장엄 법계출생 무장
願力莊嚴 變化莊嚴 法界出生 無障

애왕『여래아라하 삼먁삼불타』(세번)
碍王　如來阿羅訶 三藐三佛陀

※ 이 진언의 지송공덕
오천오백불명신주제장멸죄경에 "부처님께서 미륵보살에게 이르시길, 동방해탈주 세계에 계시는 부처님(허공공덕 ~ 삼먁삼불타)이 계시는데 중생이 만일 사중죄(四重罪)나 오역죄(五逆罪)를 짓던지 삼보를 비방하고 사바라죄(四波羅罪)를 범하고 지옥에 들어가서 미진수 겁을 지낼 죄를 지었더라도 팔십이 자 밖에 안되는 이 부처님 명호를 부르거나 예배하여도 그러한 뭇 죄가 모두 소멸된다고 쓰여 있다.
이 진언은 불공의식과 영가와 아귀들에게 음식을 베푸는 시식의식에 주로 사용한다.

4. 회심곡
回 心 曲

서산대사西山大師께서 세상사람들이 마음에 필히 새겨야 할 부모은혜의 지중함과 인생무상의 깨우침을 위해 대중성 짙은 사설로 엮은 노래이다. 여기에 실린 내용은 이를 바탕으로 보리원菩提元 스님께서 엮은 글임.

세상천지 만물(萬物)중에 사람밖에 또있는가

여보시오 시주(施主)님네 이내말씀 들어보소

한세상이 잠깐이라 후회되고 슬프도다

백년세월(百年歲月) 못다가서 백발(白髮)되어 돌아가니

꿈만같고 허망(虛妄)하다

세상모든 젊은이여 백발노인(白髮老人) 웃지마라

새까맣게 검던머리 호호백발 달려드니

백옥(白玉)같이 곱던얼굴 검버섯이 피어나고

생기(生氣)있고 밝던눈은 눈뜬장님 되었으며

밝던귀는 깜깜막혀 절벽강산 되었으니
답답하고 서러워라

옴이없이 오는세월 감이없이 가는세월
오고가는 세월중에 제스스로 늙었건만
누가주어 늙었는양 신세한탄 절로난다
예쁜꽃도 시들며는 오던나비 아니오고
비단같이 고운것도 낡아지면 버려지니
세상사를 돌아보면 모두가다 몽환이라
世上事   蒙幻
이세월이 뜬구름과 같으므로 잡을수도
없게되고 바람과도 같으므로 묶을수도
없겠구나

자식많고 재산많고 팔자좋다 자랑마라
                      八字
사람팔자 알수없고 부귀영화 티끌이라
                      富貴榮華

부모형제(父母兄弟) 처자(妻子)라도 이세상을 떠나가면
다시볼수 없게되니 허무(虛無)하다 이목숨도
한조각의 구름처럼 흔적없이 사라질걸
이세상만 생각하고 인간세상(人間世上) 전부인냥
나혼자만 잘살려고 남들이야 죽든살든
살림에만 정신팔려 선심공덕(善心功德) 못써보고
세월(歲月)감을 모르다가 어느사이 백발(白髮)되니
후회막급(後悔莫及) 어찌할까

젊었을때 즐기던일 어제같이 생생(生生)한데
거울속의 나의모습 어찌할까 늙는것도
서러운데 모양조차 흉해지니 부럽구나
젊은이여 젊었을때 덕(德)을닦아 인간(人間)답게
살아보라

인간백년(人間百年) 다살아도 병든날과 잠든날과
근심걱정 다제하면 웃는날은 며칠이며
편한날은 며칠인가 어제오늘 좋던몸이
저녁나절 병이들어 뼈만남은 약한몸이
태산(太山)같이 무겁구나 인삼녹용(人蔘鹿茸) 약을쓴들
다한목숨 어이하며 현대의술(現代醫術) 힘을빌어
치료한들 죽을병을 살릴소냐 장생불사(長生不死)
기원하고 불사약(不死藥)을 구하려던 천하영웅(天下英雄)
진시황(秦始皇)은 어찌하여 늙어죽고 천하명의(天下名醫)
편작(編鵲)이는 활인구제(活人救濟) 했다해도 늙는병은
못고치니 안죽는약 없었던가

해가지고 달이뜨고 달이지고 해가뜨니
이내목숨 앗아가는 사자(使者)님들 출두(出頭)했네

얼굴들이 다시보기 치가떨려 아니오면
　　　　　　　　　　　齒
좋으련만 무슨방법 있겠는가 천만고의

영웅호걸 사자달랜 영웅없고 사자피한
英雄豪傑　使者　　　　　　　使者
영웅없다. 말잘하는 소진장도 사자달랠
　　　　　　　　　蘇秦張　　使者
방법없고 천하장수 명장들도 사자망치
　　　　天下　　　名將　　　使者
못피하니 사람마다 다가는길 아니갈수
避
없으련만 사람마다 태어나서 못다한일

너무많고 죄될일만 많이지어 슬프기가
　　　　罪
그지없고 원통하기 한량없다
　　　　冤痛

명사십리 해당화야 꽃진다고 설워마라
鳴沙十里
명년다시 봄이오면 너는다시 피려니와
明年
인생한번 돌아가면 다시오기 어려워라

적막공산 새벽달에 슬피우는 두견새는
寂寞空山

소리마다 불여귀(不如歸)라 이몸역시 황천(黃泉)가서
구천고혼(九泉孤魂) 되었으나 다시못볼 처자식을
통곡(痛哭)하며 불러보네

같이늙던 친구라도 먼저죽는 사람보면

허망해라 사람목숨 바람앞에 등불처럼

깜박거릴 내목숨도 해가뜨면 사라지는

초로(初老)같은 인생(人生)이라 처자식의 손을잡고

마지막의 유언(遺言)하니 죽더라도 같이죽고

살더라도 같이살자 울부짖고 통곡(痛哭)해도

죽음문턱 다다르니 함께갈수 없게되고

대신갈길 전혀없이 나혼자만 끌려가네

꿈결같은 세상인연(世上因緣) 허무(虛無)하고 슬프도다

일직사자(日直使者) 월직사자(月直使者) 한손에다 망치들고
또한손에 불칼들고 철쇠사슬 비껴차고
활등같이 굽은길을 화살처럼 달려와서
천둥같이 호령하며 내이름을 불러내어
어서어서 바삐가자 뉘분부(分付)라 거역(拒逆)하며
뉘명(命)이라 지체(遲滯)하리 팔뚝같은 쇠사슬로
사정없이 두들겨서 끌어내니 혼비백산(魂飛魄散)
나죽겠다 이세상의 모든일이 죽는걸로
끝나는줄 잘못알고 착각하여 온갖죄업(罪業)
몹쓸짓을 한량없이 지었는데 저승길이
웬말인가

일직사자(日直使者) 등을밀고 월직사자(月直使者) 손을끌어
천방지방(天方地方) 몰아가서 드디어는 이내몸이

저승문에 다다르니 우두나찰(牛頭羅刹) 마두나찰(馬頭羅刹)
소리치며 달려드니 이를어이 해야할까
십대왕청(十大王廳) 들어가니 귀두나찰(鬼頭羅刹) 나졸들이
전후좌우(前後左右) 버텨서고 제일전(殿)에 진광대왕(秦廣大王)
제이전에 초강대왕(初江大王) 제삼전에 송제대왕(宋帝大王)
제사전에 오관대왕(伍官大王) 제오전에 염라대왕(閻羅大王)
제육전에 변성대왕(變成大王) 제칠전에 태산대왕(泰山大王)
제팔전에 평등대왕(平等大王) 제구전에 도시대왕(都市大王)
제십전에 전륜대왕(轉輪大王) 열시왕전(十王殿) 불린영혼(靈魂)
수천수만 남자여자 할것없이 차례차례
불러들여 업경대(業鏡臺)에 세워놓고 선악업보(善惡業報)
밝혀보니 착한사람 너무적고 악한사람
너무많다 살인강도(殺人强盜) 흉악범(凶惡犯)과 간음강간

음흉한자 거짓말과 이간질로(離間) 착한사람
비방하고(誹謗) 부모에게(父母) 불효한자(不孝) 형제친척(兄弟親戚)
불목하고(不睦) 다른사람 멸시한자 티끌만한
죄상일랑(罪狀) 남김없이 드러나서 거짓말도
할수없고 도망할곳 전혀없다

전후좌우(前後左右) 둘러보니 기치창검(旗致槍劍) 삼엄한데
유명계의(幽明界) 대왕님들(大王) 엄한판결(判決) 기다리는
나찰들의(羅刹) 성난얼굴 너무너무 무섭구나
살생죄를(殺生罪) 범한이는(犯) 검수도산(劍樹刀山) 칼산지옥
짐짝처럼 내던지니 그고통을(苦痛) 어찌할까
목숨빚을 갚을적에 나는한번 죽였어도
갚는수는 무수하니 보리한알 뿌리며는
그열매는 수가많듯 나의죄보(罪報) 받는것도

그와같이 불어난다　오역죄를(五逆罪) 범했던자
그무서운 무간지옥(無間地獄) 떨어져서 쉴새없이
고통받고 남의재산 빼앗아서 호의호식(好衣好食)
하였던자 물이끓는 화탕지옥(火湯地獄) 우글대는
독사지옥(毒蛇地獄) 수천겁의(數千劫) 고통받고 사람으로
태어나도 헐벗으며 굶주리는 비천과보(卑賤果報)
못면한다 많은여자 짓밟거나 남편두고
놀아나는 남자여자(男子女子) 할것없이 음심많은(淫心)
사람들은 지글지글 끓어대는 기름솥에
들어가고 세세생생(世世生生) 암컷되고 구렁이뱀
못면하네

발설지옥(發說地獄) 고통보라 부처님과 승보님을(僧寶)
욕설하고 비방하고(誹謗) 거짓말과 이간질로

착한사람 해끼치니 혀를뽑는 지옥(地獄)가네
남을향해 하는악담(惡談) 내가다시 받게되니
하늘향해 뱉은침이 내얼굴에 떨어질때
그누구를 원망할까 지옥고통(地獄苦痛) 받는것은
이몸으로 받지않고 정신(精神)몸이 받게되니
꿈꿀때의 몸과같아 백천만겁(百千萬劫) 벌받아도
고통만이 느껴지고 죽는법은 없으므로
지옥(地獄)에서 풀려날때 그고통이 멎게된다
죽자살자 모은재산(財産) 먹고가며 쓰고가나
이몸위해 욕심내면 지옥고만 커지므로
정신몸이 괴롭나니 악귀도(惡鬼途)에 떨어져서
배만크고 목은작고 먹는음식(飮食) 불이되고
배는항상 굶주리니 괴로웁고 뜨거워라

참불법을(佛法) 믿지않고 의심많고 교만하고(驕慢)
인색하여(吝嗇) 화잘내고 먹을것만 탐내고서
색정만을(色情) 일으키는 사람들은 지옥고통(地獄苦痛)
받은후에 털옷입은 짐승몸을 못면하리

이세상의 사람들이 살생투도(殺生偸盜) 사음망어(邪淫亡語)
온갖죄업(罪業) 짓는것은 탐심진심(貪心瞋心) 어리석음(痴心)
때문이니 하루속히 마음닦아 탐심진심(貪心瞋心)
없애어서 사람몸을 잃기전에 극락복을(極樂福)
지어보세

지옥고통 분명하여 자살하고(自殺) 살인살생(殺人殺生)
강도질한 사람들과 간음강간(姦淫强姦) 도박사기(賭博詐欺)
불효음주(不孝飮酒) 악구악설(惡口惡說) 지옥고를(地獄苦) 못면하고
자기만이 살겠다는 몰인정한 구두쇠는

아귀도에 떨어지고 음심많고 화내는이
餓鬼途 　　　　　　淫心

축생도에 떨어진다 이세상에 나혼자만
畜生途

잘살려고 바둥대는 어리석은 사람들은

사자망치 못피하고 지옥고통 못면하니
使者　　避　　　　　　　　免

너무너무 무섭구나

이세상의 모든사람 편히살고 못사는건

전생일로 그리하니 사주팔자 한탄말고
前生　　　　　　四柱八字

빈천과보 원망말라 복을지면 복을받고
貧賤果報　　　　福

악을지면 악을받는 인과응보 깨달아서
惡　　　　　　　因果應報

적선공덕 많이짓고 일심으로 염불하여
積善功德　　　　一心　　念佛

마음눈이 열리며는 왕생극락 틀림없네
　　　　　　　　往生極樂

나무 아미타불 관세음보살
南無 阿彌陀佛 觀世音菩薩

5. 보왕삼매론
寶 王 三 昧 論

중국 원나라시대 묘협스님께서 「십대애행(十大碍行 : 열 가지 큰 장애가 되는 행)」을 설하는 「보왕삼매염불직지寶王三昧念佛直指」에서 나오는 글로써 수행자가 극복해야 할 장애와 지혜를 일깨워 주는 글

① **몸에 병(病) 없기를 바라지 말라.**
  몸에 병이 없으면 탐욕이 생기기 쉽나니, 그래서 성현이 말씀하시되 "병고로써 양약을 삼으라" 하셨느니라.

② **세상살이에 곤란(困難)함이 없기를 바라지 말라.**
  세상살이에 곤란함이 없으면 업신여기는 마음과 사치하는 마음이 생기나니, 그래서 성현이 말씀하시되 "근심과 곤란으로써 세상을 살아가라" 하셨느니라.

③ **공부하는 데 마음에 장애(障碍) 없기를 바라지 말라.**

마음에 장애가 없으면 배우는 것이 넘치게 되나니, 그래서 성현이 말씀하시되 "장애 속에서 해탈을 얻으라" 하셨느니라.

④ **수행하는 데 마(魔) 없기를 바라지 말라.**
수행하는 데 마가 없으면 서원이 굳건해지지 못하나니, 그래서 성현이 말씀하시되 "모든 마군으로써 수행을 도와주는 벗을 삼으라" 하셨느니라.

⑤ **일을 꾀하되 쉽게 되기를 바라지 말라.**
일이 쉽게 되면 뜻을 경솔한 데 두게 되나니, 그래서 성현이 말씀하시되 "여러 겁을 겪어서 일을 성취하라" 하셨느니라.

⑥ **친구를 사귀되, 내가 이롭기를 바라지 말라.**
내가 이롭고자 하면 의리를 상하게 되나니, 그래서 성현이 말씀하시되 "순결로써 사귐을 길게 하라" 하셨느니라.

⑦ 남이 내 뜻대로 순종(順從)해 주기를 바라지 말라.

남이 내 뜻대로 순종해 주면 마음이 스스로 교만해지나니, 그래서 성현이 말씀하시되 "내 뜻에 맞지 않는 사람들로써 원림(園林)을 삼으라"하셨느니라.

⑧ 공덕을 베풀려면 과보(果報)를 바라지 말라.

과보를 바라면 도모하는 뜻을 가지게 되나니, 그래서 성현이 말씀하시되 "덕 베푼 것을 헌신 버리듯 버리라"하셨느니라.

⑨ 이익을 분에 넘치게 바라지 말라.

이익이 분에 넘치면 어리석은 마음이 생겨나니, 그래서 성현이 말씀하시되 "적은 이익으로써 부자가 되라"하셨느니라.

⑩ 억울함을 당해서 밝히려고만 하지 말라.

억울함을 밝히려 하면 원망하는 마음을 돕게 되나니, 그래서 성현이 말씀하시되 "억울함을

당하는 것으로 수행하는 문을 삼으라" 하셨느니라.

이와 같이 막히는 데서 도리어 통하는 것이요, 통함을 구하는 것이 도리어 막히는 것이니, 그래서 부처님께서는 저 장애 가운데서 깨달음을 얻으셨느니라.

요즘 세상에 도를 배우는 사람들이 만약 먼저 역경에서 견디어 내지 못하면 장애에 부딪혔을 때 능히 이겨내지 못해서 법왕의 큰 보배를 잃어버리게 되나니, 마음에 깊이 새겨 생활의 지혜로 삼아야 할 것이다.

「보왕삼매염불직지寶王三昧念佛直指」 中에서

6. 마음 다스리는 글

「명심보감」 '정기편'에 실린 글을 불가에서 신도들을 위해 법문으로 사용하며 재정리한 글이다.

　복(福)은 검소함에서 생기고 덕(德)은 겸양에서 생기며 지혜는 고요히 생각하는 데서 생기느니라.

　근심은 애욕에서 생기고 재앙은 물욕에서 생기며 허물은 경망에서 생기고 죄는 참지 못하는 데서 생기느니라.

　두 눈을 조심하여 남의 그릇됨을 보지 말고 아름다움을 볼 것이며 입을 조심하여 실없는 말을 하지 말고 착한 말, 바른 말, 부드럽고 고운 말을 할 것이며, 몸을 조심하여 나쁜 친구를 사귀지 말고 어질고 착한 이를 가까이 하라.

　어른을 공경하고 덕있는 이를 받들며 지혜로운 이를 따르고 모르는 이를 너그럽게 용서하라.

　오는 것을 거절 말고 가는 것을 잡지 말며, 내 몸 대우 없음에 바라지 말고 일이 지나갔음에 원망하지 말라.

　남을 해하면 마침내 그것이 자기에게 돌아오고, 세력을 의지하면 도리어 재화(災禍)가 따르느니라.

　불자야! 이 글을 읽고 낱낱이 깊이 새겨서 다같이 영원을 살아갈지어다.

발원편

만일 사람이 바른 법을 모르면 그 늙음은 황소의 늙음과 같다.

한갓 살만 불어나 무게만 더할 뿐 지혜는 조금도 자라지 않는다.

1. 신행발원문
信 行 發 願 文

부처님,

 님의 가르침에 경건히 머리 숙이옵나니, 님께선 사람이 잘 살고 못 살고는 신의 뜻이나 운명에 의한 것이 아니라 각자가 짓는 업의 과보임을 설하시어 스스로의 의지로 자기 인생을 힘차게 열어 나가게 하옵니다.

 끝없이 되풀이 되는 생사의 괴로움을 두려워하는 사람에겐 그러한 괴로움의 근본원인이 각자의 마음 속에 깃들어 있는 물질적인 욕심, 진리에 대한 무지, 대립적인 식별에 있음을 설하시어 올바른 이해와 실천으로 그들을 차례로 멸하여 생사의 바다 건너 열반에 고요히 머물게 하옵니다.

 그러나 열반에 머물게 하는 이러한 여러가지 가르침은 머나먼 수행의 길에서 한 때의 휴식을 주기 위함일 뿐 모든 부처님의 진정한 뜻은, 뭇 중생에게 궁극적으로 부처님과 같은 깨달음에 이르게 하는 데에 있노라고 님께선 설하시옵니다.

룸비니에서 태어나 쿠시나가라에서 열반에 드신 것도 중생을 가르치기 위해 짐짓 그렇게 설하실 뿐, 실은 아득한 옛 겁에 이미 깨달음을 이루시고 중생과 더불어 항상 이 세상에 머무시며 더럽고 악한 이 땅에 부처 나라를 세우라고 당신은 설하시옵니다.

님을 보필하는 여러 큰 보살님들도 깨끗한 땅을 버리고 중생 속에 뛰어들어 그들의 괴로움 속에서 함께함을 보옵니다.

불교의 진정한 뜻을 더러운 땅에 피는 하얀 연꽃에 비기시는 까닭을 짐작하겠습니다.

저희들 어린 무리는 지금까지 숱한 종교와 사상의 어지러움 속에 갈 길을 못잡고 방황하

더니 이제 님의 가르침을 만나 진리를 깨닫고 괴로움을 떠나 인류에 봉사할 참다운 길을 발견하였습니다.

덧없는 목숨에 고귀한 삶의 가치를 주게 된 이 환희, 이 기쁨을 무엇에다 견주리까!

부모님 슬하같은 님의 영원한 사랑 속에서 저희들은 이제 외롭지 않사오며 믿고 의지하고 기도하고 참회할 확실한 의지처를 찾았나이다.

소원이 있을 때마다 님을 부르리니 그 때마다 저희들의 마음 속에서 번뇌를 여의어 주시고, 게으름에 빠질 때마다 님을 부르리니 그 때마다 지금 이 역사 속에 부처 나라를 실현할 저희들 불교인의 사명을 일깨워 주옵소서.

님의 한결같은 보살핌에 힘입어 저희들 어린 무리는 깨달음을 구하면서 성실하게 일하고 가정에 충실하며 사회에 봉사하고 법회를 봉행하는 생활인의 불교를 닦아 나가고자 하옵니다.

그릇된 믿음이 어지럽게 행해지고 불교의 참다운 정신도 찾아보기 힘든 오늘날, 부디 저희들의 이 조그마한 뜻을 가꾸어 님의 바른 법이 다시 이 땅에서 한떨기 하얀 연꽃처럼 피어나게 하옵소서.

나무 석가모니불 나무 석가모니불
나무 시아본사 석가모니불

2. 참회발원문
懺悔發願文

　부처님. 당신은 착한 일에는 행복이 따르고 나쁜 일에는 불행이 따르는 필연성(必然性)을 밝혀 깨우쳐 주시고, 살생·도둑질·사음·거짓말·음주의 다섯 가지[不殺生, 不偸盜, 不邪淫, 不妄語, 不飮酒]는 특히 멀리해야 할 가장 나쁜 일이라고 경계(警戒)하여 주셨사옵니다.

그러나 당신의 가르침을 받아들여 깨달음을 구하며 성실한 생활을 다짐한 저희들이옵니다만, 오랫동안 익혀온 나쁜 버릇은 쉽사리 버려지지 않고 알게 모르게 자꾸만 범(犯)하게 됨을 참회(懺悔)하옵나이다.

저희들이 처한 우리 사회를 되돌아 볼 때 인류의 탐욕과 분노와 어리석음이 오늘날 어떤 일들을 저지르고 있는가를 한탄(恨歎)하지 않을 수 없사옵니다.

과학기술의 발달은 가공할 살생무기의 개발에 집중되고, 지나친 생산과 소비는 하나밖에 없는 지구의 자원을 고갈시키고 있사옵니다. 성의 개방은 성문화 타락을 가져왔고, 매스컴의 놀라운 보급에도 불구하고 믿을 만한 정보는 많지 않사오며, 사원의 수는 급증하는데도 바른 법과 진실된 종교인(宗敎人)은 찾아 보기가 어렵사옵니다.

당신의 가르침을 외면한 까닭에 인류는 오늘날 이 지경에 이르게 된 것입니다. 이런 시대에 함께 살고 있는 저희들로서 그 책임의 일부를 또한 무겁게 느끼지 않을 수가 없사옵니다.

당신의 중생에 대한 사랑과 연민은 바다처럼 넓고 어버이처럼 인내로우시기에 저희들은 이렇게 당신 아래 엎드려 뉘우칠 참회의 용기(勇氣)를 가졌사오니 지켜보시옵소서.

이제부터 살생을 멀리함에 그치지 않고 한 걸

음 더 나아가 모든 사람의 생명을 존중하고, 다함께 평화롭게 살 수 있는 길을 힘써 찾겠사옵니다.

도둑질을 멀리함에 그치지 않고 한 걸음 더 나아가 서로 힘을 모아 생산하고 고루 나눠 갖는 정토세상(淨土世上)을 건설하겠사옵니다.

사음을 멀리함에 그치지 않고 한 걸음 더 나아가 서로 사랑하고 화목(和睦)하는 즐거운 가정생활을 힘써 꾸리겠사옵니다.

거짓말을 멀리함에 그치지 않고 한 걸음 더 나아가 과감히 진실(眞實)을 말하고 서로 신뢰할 수 있는 인간관계를 힘써 이룩하겠사옵니다.

음주를 멀리함에 그치지 않고 한 걸음 더 나아가 진실한 깨달음을 구하고 당신의 바른 법(法)이 세상에 오래오래 머물도록 힘써 정진(精進)하겠사옵니다.

부처님, 삼가 지극한 참회(懺悔)와 서원(誓願)의 마음을 모아 당신께 저희들의 뜻을 이처럼 엄숙하게 약속드리옵나니, 저희들로 하여금 이 세상이 온통 흐리고 더러워도 연꽃처럼 그에 물들지 않고, 악(惡)을 깨뜨리며 정의(正義)를 실현하는 저 영광스러운 보살(菩薩)의 길을 힘차게 걸어나가게 하옵소서.

나무 석가모니불
나무 석가모니불
나무 시아본사 석가모니불

3. 극락왕생발원문(연지대사)

극락세계에 계시면서 중생을 이끌어 주시는 아미타 부처님께 귀의하고 그 세계에 가서 나기를 발원하옵나니 자비하신 원력으로 굽어살펴 주시옵소서.

저희들이 네 가지 은혜를 갚고 일체 중생들의 성불을 위하여 아미타불의 거룩한 명호를 불러 극락세계에 왕생하기를 일심으로 원하나이다.

업장은 두텁고 복과 지혜는 엷어서 마음은 더러움에 물들기 쉽고 깨끗한 공덕은 이루기 어려워 이제 부처님 앞에서 지극한 정성으로 예배하고 참회하나이다.

저희들이 끝없는 옛적부터 오늘날에 이르도록 몸으로, 입으로, 마음으로 한량없이 지은 죄업과 한량없이 맺은 원수를 모두 녹여버리고 오늘부터 서원 세워 나쁜 짓 멀리하여 다시 짓지 아니하고 보살도를 항상 닦아 물러나지 아니하며 정각을 이루어 중생을 제도코자 발원하나이다.

대자대비하신 아미타 부처님이시여,
크신 원력으로 저희들을 어여삐 여기시고 큰 가피를 내리시어 염불할 때나 꿈속에서나 아미타불 거룩한 상호를 뵙게 하여지이다.
번뇌는 끝이 없고 죄업이 한량없는 저희들을 구원하기 위해 마흔여덟 가지 큰 서원의 광명 비춰 주심으로, 신심은 깊어지고 욕망은 정화되어 염불하는 마음속에 극락세계 뚜렷하여 적광의 참세계가 항상 함께 하여지이다.
또한 이 목숨 마칠 때에 여러 가지 병고액난이 몸에서 없어지고 탐욕과 원한 등은 씻은 듯이 사라지며 육근이 화락하고 한 생각 분명하여 이몸 버리기를 염불삼매에 들어가듯 하소서.

그때에 아미타 부처님께서는 관세음보살, 대세지보살님과 청정성중 거느리고 광명 놓아 맞으시며 손을 들어 이끄시어 높고 넓은 누각들과 아름다운 깃발들과 맑은 향기, 고운 음악 거룩한 극락세계로 인도하여 주옵소서.

내 임종을 보는 이와 내 임종을 듣는 이들 기쁘고 감격하여 위없는 보리심을 다같이 일으킬 제 이내 몸 연화보좌 금강대에 올라 앉아 부처님의 뒤를 따라 극락정토에 나아가지이다.

칠보로 된 연못 속에 상품상생하온 뒤에 불보살님 섬기면서 미묘한 법문 듣고 무생법인 깨친 뒤에 마정수기 친히 받아 삼신, 사지, 오안, 육통, 백천다라니와 온갖 공덕을 원만하게 이루어지이다.

그런 뒤에 극락세계를 떠나지 않고 사바세계에 다시 돌아와서 한량없는 분신으로 시방국토 다니면서 여섯 가지 신통력과 가지가지 방편으로 무량중생 제도하여 탐·진·치를 멀리 떠나 육근청정 이룬 뒤에 청정한 마음으로 극락세계 함께 가서 불퇴전의 자리에 오르게 하여지이다.

우주가 끝이 없고 중생이 끝이 없고 번뇌 업장모두 끝이 없기에 저희들의 서원 또한 끝이 없나이다.

바라옵나니 저희들이 지금 염불하고 발원하여 닦아 지닌 공덕을 온누리에 두루 미치게 하여 나와 더불어 모든 중생들이 극락국에 태어나 아미타불 친견하고 다함께 성불하여지이다.

나·무·아·미·타·불

4. 영가축원문(영가전에)
靈駕祝願文

성열性悅 스님(강남포교원장)

영가시여 저희들이 일심으로 염불하니
靈駕   一心   念佛
무명업장 소멸하고 반야지혜 드러내어
無明業障   般若智慧
생사고해 벗어나서 해탈열반 성취하사
生死苦海   解脫涅槃
극락왕생 하옵시고 모두성불 하옵소서
極樂往生   成佛

사대육신 허망하여 결국에는 사라지니
四大肉身 虛妄
이육신에 집착말고 참된도리 깨달으면
                   道理
모든고통 벗어나고 부처님을 친견하리

살아생전 애착하던 사대육신 무엇인고
         愛着   四大肉身
한순간에 숨거두니 주인없는 목석일세
                            木石
인연따라 모인것은 인연따라 흩어지니
                   因緣

태어남도 인연이요 돌아감도 인연인걸

그무엇을 애착(愛着)하고 그무엇을 슬퍼하랴
몸뚱이를 가진자는 그림자가 따르듯이
일생(一生)동안 살다보면 죄(罪)없다고 말못하리
죄(罪)의실체 본래없어 마음따라 생기나니
마음씀이 없어질때 죄업(罪業)역시 사라지네
죄(罪)란생각 없어지고 마음또한 텅비워서
무념처(無念處)에 도달하면 참회(懺悔)했다 말하리라

한마음이 청정(淸淨)하면 온세계가 청정하니
모든업장(業障) 참회(懺悔)하여 청정(淸淨)으로 돌아가면
영가(靈駕)님이 가시는길 광명(光明)으로 가득하리
가시는길 천리만리(千里萬里) 극락정토(極樂淨土) 어디인가?
번뇌망상(煩惱妄想) 없어진곳 그자리가 극락(極樂)이니

삼독심(三毒心)을 버리고서 부처님께 귀의하면
무명업장(無明業障) 벗어나서 극락세계(極樂世界) 왕생(往生)하리

제행(諸行)은 무상(無常)이요 생자(生者)는 필멸(必滅)이라
태어났다 죽는것은 모든생명 이치(理致)이니
임금으로 태어나서 온천하를 호령(號令)해도
결국에는 죽는것을 영가(靈駕)님은 모르는가?

영가(靈駕)시여 어디에서 이세상에 오셨다가
가신다니 가시는곳 어디인줄 아시는가?
태어났다 죽는것은 중생계(衆生界)의 흐름이라
이곳에서 가시면은 저세상에 태어나니
오는듯이 가시옵고 가는듯이 오신다면
이육신(肉身)의 마지막을 걱정할것 없잖는가
일가친척(一家親戚) 많이있고 부귀영화(富貴榮華) 높았어도

죽는길엔 누구하나 힘이되지 못한다네
맺고쌓은 모든감정(感情) 가시는길 짐되오니
염불(念佛)하는 인연(因緣)으로 남김없이 놓으소서

미웠던일 용서하고 탐욕심(貪慾心)을 버려야만
청정(淸淨)하신 마음으로 불국정토(佛國淨土) 가시리라
삿된마음 멀리하고 미혹(迷惑)함을 벗어나야
반야지혜(般若智慧) 이루시고 왕생극락(往生極樂) 하오리다

본마음은 고요하여 옛과지금 없다하니
태어남은 무엇이고 돌아감은 무엇인가
부처님이 관(棺)밖으로 양쪽발을 보이셨고
달마대사(達磨大師) 총령(蔥嶺)으로 짚신한짝 갖고갔네

이와같은 높은도리(道理) 영가(靈駕)님이 깨달으면
생(生)과사(死)를 넘었거늘 그무엇을 슬퍼하랴

뜬구름이 모였다가 흩어짐이 인연이듯
　　　　　　　　　　　　　　　　因緣
중생들의 생과사도 인연따라 나타나니
衆生　　　生　死　　因緣
좋은인연 간직하고 나쁜인연 버리시면
　　因緣　　　　　　　　因緣
이다음에 태어날때 좋은인연 만나리라
　　　　　　　　　　　　因緣

사대육신 흩어지고 업식만을 가져가니
四大肉身　　　　　　業識
탐욕심을 버리시고 미움또한 거두시며
貪慾心
사견마저 버리시어 청정해진 마음으로
邪見　　　　　　　清淨
부처님의 품에안겨 왕생극락 하옵소서.
　　　　　　　　往生極樂
돌고도는 생사윤회 자기업을 따르오니
　　　　　生死輪廻　　業
오고감을 슬퍼말고 환희로써 발심하여
　　　　　　　　歡喜　　發心
무명업장 밝히시면 무거운짐 모두벗고
無明業障
삼악도를 뛰어넘어 극락세계 가오리다
三惡途　　　　　極樂世界

이세상에　처음올때　영가(靈駕)님은　누구셨고
사바일생(娑婆一生)　마치시고　가시는이　누구신가?
물이얼어　얼음되고　얼음녹아　물이되듯
이세상의　삶과죽음　물과얼음　같으오니
육친(肉親)으로　맺은정(情)을　가벼웁게　거두시고
청정(淸淨)해진　업식(業識)으로　극락왕생(極樂往生)　하옵소서

영가(靈駕)시여　사바일생(娑婆一生)　다마치는　임종(臨終)시에
지은죄업(罪業)　남김없이　부처님께　참회(懺悔)하고
한순간도　잊지않고　부처님을　생각하면
가고오는　곳곳마다　그대로가　극락(極樂)이니

첩첩쌓인　푸른산은　부처님의　도량(道場)이요
맑은하늘　흰구름은　부처님의　발자취며
뭇생명의　노래소리　부처님의　설법(說法)이고

대자연의 고요함은 부처님의 마음이니
불심으로 바라보면 온세상이 불국토요
佛心 佛國土
범부들의 마음에는 불국토가 사바로다
애착하던 사바일생 하루밤의 꿈과같고
愛着 娑婆一生
나다너다 모든분별 본래부터 공이거니
分別 空
빈손으로 오셨다가 빈손으로 가시거늘
그무엇에 얽매여서 극락왕생 못하시나
極樂往生
저희들이 일심으로 독송하는 진언따라
一心 讀誦 眞言
지옥세계 무너지고 맺은원결 풀어지며
地獄世界 怨結
아미타불 극락세계 상품상생 하옵소서
阿彌陀佛 極樂世界 上品上生

나무 서방대교주 무량수여래불
南無 西方大教主 無量壽如來佛
『나무아미타불』 (108번 이상)
南無阿彌陀佛

아미타불본심미묘진언 (阿彌陀佛本心微妙眞言)
다냐다 옴 아리다라 사바하 (세번)
· 아미타 부처님의 미묘하고 한량없는 마음을 담은 진언

관세음보살멸업장진언 (觀世音菩薩滅業障眞言)
옴 아로늑계 사바하 (세번)
· 관세음보살님께서 중생들의 숱한 업장을 제거해 주는 진언

지장보살멸정업진언 (地藏菩薩滅定業眞言)
옴 바라 마니 다니 사바하 (세번)
· 지장보살께옵서 중생들의 결정된 업장을 녹여주는 진언

지장보살츰부다라니 (地藏菩薩讖簿陀羅尼)
츰부 츰부 츰츰부 아가셔츰부 바결랍츰부 암발랍츰부 비라츰부 발결랍츰부 아루가츰부 담뭐츰부 살더뭐츰부 살더닐하뭐츰부 비바루가찰뭐츰부 우붜셤뭐츰부 내여나츰부 뷜랄여삼므디랄나츰부 찰나츰부 비실바리여츰부 셔살더랄바츰부 비어자수재 맘히리 담미셤미 잡결랍시 잡결랍뮈스리 치리 시리

결랄붜뷜러발랄디 히리 벌랄비 뷜랄저리니 달니 헐랄달니 붜러 져져져져 히리 미리 이 결타탑기 탑규루 탈리 탈리 미리 뭐대 더 대구리 미리 앙규즈더비 얼리 기리 붜러기리 규차섬뮈리 징기 둔기 둔규리 후루 후루 후루 규루술두미리 미리대 미리대 뷘자더 허러 히리 후루 후루루(세번)

- 이 진언은 흐리고 탁한 뜻을 맑게 해주고 모든 소원을 성취케 해주며 모든 부처님께서 가호하시며 모든 보살님들이 가호하고 따라서 기뻐합니다.(지장보살 - 십륜경 中)
- ※ 불자님들이 순일한 정신상태로 염송하면 미묘한 소리의 진동은 영혼과 육신을 정화시켜 영성의 빛과 참된 나를 스스로 발현케 합니다.

불설왕생정토주(佛說往生淨土呪)

나무 아미 다바야 다타가다야 다디야타 아미리 도바비 아미리다 싯담바비 아미리다 비가란제 아미리다 비가란다 가미니 가가나 깃다가례 사바하 (세번)

- 극락정토에 왕생할 것을 서원하는 진언

대광명진언(大光明眞言)

옴 아모카 바이로차나 마하 무드라 마니 파드마 즈바라 프라바를타야 훔(세번)

　만일 어떤 중생이 어디서든 이 진언을 얻어 듣되 두 번이나 세 번, 또는 일곱 번 귓가에 스쳐 지나치기만해도 곧 모든 업장이 사라지게 된다.

　만일 어떤 중생이 십악업과 오역죄와 사중죄를 지은 것이 세상에 가득한 먼지처럼 많아 목숨을 마치고 나쁜 세계에 떨어지게 되었을지라도 이 진언을 108번 외운 흙모래를 죽은 이의 시신 위에 흩어주거나 묘 위나 탑 위에 흩어주면, 죽은 이가 지옥에 있거나 아귀, 아수라, 축생 세계에 있거나 그 모래를 맞게 된다. 그리하여 모든 부처님과 비로자나 부처님 진언의 본원과 광명진언을 외운 흙모래의 힘으로 즉시 몸에 광명을 얻게 되고 모든 죄의 업보를 없애게 된다.

　그래서 고통받는 몸을 버리고 서방 극락세계에 가게 되어 연화대에 환생할 것이다. 그리하여 깨달음에 이르기까지 다시는 타락하지 않을 것이다. (원효대사 유심안락도 中)

대방광불화엄경(大方廣佛華嚴經)

약인욕요지　삼세일체불
응관법계성　일체유심조 (세번)

만일 사람이 삼세일체 부처님을 요달해 알고자 할진대
일체가 오직 마음으로 이름지어진 것이라는 법계의 실상을
관하리라.

파지옥진언 (破地獄眞言)

옴 가라지야 사바하 (세번)

- 지옥고에 시달리는 모든 영가들이 불보살님의 가피력으로 구제되기를 기원드리는 진언

해원결진언 (解怨結眞言)

옴 삼다라 가닥 사바하 (세번)

- 인간관계 속에서 풀어내지 못한 모든 원결들을 풀어내는 진언

상품상생진언 (上品上生眞言)

옴 마니다니 훔훔 바탁 사바하 (세번)

- 극락세계인 구품연대 중 최상품에 태어나는 진언

저희들이 지성으로 합장하고 머리숙여
부처님께 원하오니 대자비를 내리시어
금일영가 극락왕생 하시도록 굽어살펴
주옵소서.

나무 서방정토 극락세계 대자대비
南無 西方淨土 極樂世界 大慈大悲

아미타여래불
阿彌陀如來佛

5. 태아영가 축원문
胎兒靈駕祝願文

○○도량　○○사에　그간인연　지극하여
아미타불　원력으로　태안지장　강림하셔
세상모든　어미들에　마음열어　참회하라
법당열어　부르시네

이런저런　인연이며　핑계댈일　많지만은
지극참회　발원하면　못이룰일　무엇일까
세상에서　가장넓은　어미가슴　활짝열고
다시한번　돌아보아　참회발원　하옵소서
살기힘든　지난세상　무지하여　저지른일
지금다시　돌아보아　참회하며　발원하소

아이들아　미안하다　정말정말　미안하다
그동안의　고통들을　태안지장　의지하여
순간으로　잊게하마　아미타불　가피력에

수기받아 거듭나라 탐진치에 어둔마음
세상고락 헤매느라 너희들을 잊었구나
오늘이곳 기도받아 아미타불 품안으로
옮겨가는 순간찰라 부처님의 가피력에
영생의길 가고지고 여기피운 향한촉은
너희마음 정화하고 여기밝힌 초한등은
너희길을 밝힘이니 우유한잔 목을축여
오늘기도 지극정성 마음속에 깊이새겨
마음열고 눈을떠서 삼십삼천 극락세계
부처님을 친견하여 너희갈길 찾아가라

우주천지 법계간에 의지할곳 오직한길
부처님길 하나이니 아무곳도 찾지말고
영생의길 따라가면 극락세계 그곳이다
어서어서 따라가라 서방정토 극락세계
아미타불 품안으로
나·무·아·미·타·불

6. 공양발원문
供養發願文

(1) 공양시 살피는 다섯가지 마음가짐
- 五觀偈 -

計功多少量彼來處
忖己德行全缺應供
防心離過貪等爲宗
正思良藥爲療形枯
爲成道業應受此食

이 음식이 어디서 왔는가.
내 덕행으로 받기가 부끄럽네.
마음의 온갖 욕심 버리고
육신을 지탱하는 약으로 알아
깨달음을 이루고자 공양을 받습니다.

(2) 공양발원문

공양(식사) 전

한방울의 물에도 천지의 은혜가 스며있고
한 톨의 곡식에도 만인의 노고가 담겨 있습니다.
정성이 깃든 음식으로 이 몸을 길러 몸과
마음을 바로 하고 청정하게 살겠습니다.

나무석가모니불 나무석가모니불
나무 시아본사 석가모니불.

공양(식사) 후

이르는 곳마다 부처님의 도량이 되고
베푼 이와 수고한 모든 이들이
보살도를 닦아
다함께 성불하여지이다.
나무마하반야바라밀.

기본교리편

가장 으뜸인 것

모든 세상 사람 중에 왕이 된 사람이 가장 으뜸이며
온갖 시냇물의 흐름 중에는 큰 바다를 제일이라 말하네.

별과 온갖 별자리 중에서는 달의 광명을 으뜸이라 하고
온갖 밝음 중에서는 태양의 밝음이 가장 제일이네.

위와 아래, 그리고 사방에 있는 세간과 천인과 사람들
그리고 모든 성현들 중에서는
부처님이 가장 높은 어른이시네.

잡아함경 중에서

기본교리

1. 수행예절(修行禮節)

1) 도량 출입예법
① 도량이 시작되는 입구에서 법당을 향해 선 채로 반배를 올린다.
② 도량에 들어서면 법당의 부처님을 항상 먼저 참배한 후 다음 용무를 본다.
③ 도량 내에서는 가능한 한 뛰어다니지 않으며 음주·식육·흡연·고성방가를 하지 않는다.
④ 도량 내에서는 신을 끌면서 다니지 않는다.
⑤ 도량 내에서는 큰소리로 가래침이나 코를 풀지 않으며, 휴지를 함부로 버리지 않는다.
⑥ 법당 바로 앞을 지날 때에는 합장하여 허리를 굽히며 지나간다.

2) 법당 출입예법
① 법당의 정문은 어간(御間)이라 하며, 그 사찰의 조실 및 어른스님만이 사용하므로 항상 옆문으로 출입한다.
② 신은 반듯하게, 나갈 때를 위해 법당 밖을 향하여 벗어 놓는다.
③ 발을 옮길 때는 소리가 나지 않도록 하며 절하는 사람의 머리맡으로 다니는 것을 피해야 한다.

3) 불전(佛前)예법
① 향은 한개비만 사르고(촛불이 켜져 있지 않을 때는 촛불을 먼저 켜고 성냥 꼬투리는 정해진 그릇에 넣는다.) 3배를 드리며 부처님 가까이 자리하고 참배한다.
② 향불의 불꽃은 입으로 끄지 않고 손바람으로 끈다.

③ 촛불 끌 때도 입으로 불지 않으며 손가락으로 불꽃을 덮거나 손바람으로 끈다.
④ 앞사람이 켜놓은 촛불을 끄고 다시 새 촛불을 켜는 것은 옳지 못하며, 향도 여러 개가 피워져 있을 때는 가능한 생략한다.
⑤ 자신이 올린 촛불은 다른 사람이 없을 경우 돌아가기전 까지 반드시 끄고 나와야 한다.
⑥ 법회 중 늦게 도착한 경우에는 간략히 예를 표하고 조용히 적당한 자리에 앉아 전체 흐름이 깨지지 않도록 해야 한다.

4) 도량 생활예법
① 실외에서 스님, 불자를 만나면 "성불합시다"라거나 묵언으로 반배의 예를 표한다.
② 실내에서는 스님께 삼배의 예를 표하나 통상 일배를 하기도 한다.
③ 스님은 출가함과 동시에 새로운 몸을 받음과 같기에 사회의 나이, 고향, 가족관계, 출가동기 등은 묻지 않는 것이 기본 예의다.
④ 취침과 기상, 예불과 공양을 사찰의 시간에 맞추어야 한다.
⑤ 공양 음식은 남기지 않도록 하여야 하며 자기 그릇은 자기가 설겆이 할 수 있어야 한다.

5) 예배(禮拜) 공덕과 방법
마음이 산란하고 탐심·진심·치심이 많고 생각이 많은 사람이 절을 꾸준히 올려 계속하면 나쁜 마음이 일어나지 않고, 몸과 마음이 고요하고 깨끗해지며 산란하던 마음이 가라앉고 침착해져서 주의력이 생기고 지혜가 열리게 된다.
① 절은 큰절[頂拜]과 반절[半拜]로 구별한다.
② 합장은 몸과 마음을 하나로 모아 일심[一心]으로 공경한다는 의미가 있고 한송이 연꽃 봉우리를 상징한다.
③ 반절은 선채로 두손을 모아 가슴에 대고 손가락이 벌어지지 않도록 하며 손끝은 코끝 앞을 향하게 하고 적당히(약 45도) 허리를 굽힌다.

④ 큰절은 합장을 한 채로 허리를 굽히지 않고 상체를 내려서 무릎을 꿇고 두 손을 앞으로 내밀면서 이마를 바닥에 댄다. 이때 왼쪽 발바닥이 위로 올라오게 하며, 발은 서로 X표가 되도록 하여야 한다. 일어설 때는 역순으로 하면 된다.

6) 불공예법

① 불공이라는 뜻은 부처님께 공양올린다는 뜻이다.
공양에는 꽃이나 향·초·과일·의류·생미·공양금·음성공양 등이 있는데 대부분 생미나 밥을 지어 올리는 것이 통례처럼 되고 있다.

② 동참불공할 때에는 초나 향이 이미 켜져 있으면 자신이 사 가지고 온 초나 향은 그냥 탁자 위에 올려 놓으면 된다.
법당에 들어와서는 서로 앞자리에 앉으려고 밀거나 소리를 내서도 안되며 많이 동참할 때에 그냥 서거나 앉은 채로 반배하여도 무방하다. 불공 올리는 시간은 대부분 어느 사찰이든지 오전 10시에 시작하므로 미리 20~30분 전에 와서 자신의 마음을 가다듬는 것이 예의이다.

③ 모든 공양물은 상단(불보살님을 모신 곳), 중단(신중단, 독성단, 칠성단), 하단(영가를 모신 영단) 순으로 올리며 각각 그 아랫단으로 내려서 공양 드릴 수 있다.(상단마지를 중단으로 내리는 것은 중단퇴공) 그러나 역순으로 하면 안된다.

④ 중단, 하단에서 불공드릴 일이 있더라도 먼저 상단에 간단히 삼배 등의 예를 올린 후 시작해야 한다.

7) 법회예법

① 부처님의 정법을 믿고 배우는 불자는 항상 돈독한 신심과 경건한 마음가짐으로 법회에 임해야 한다.

② 정해진 법회시간에 늦지 않게 참석해야 하며 법당에 들어가서는 부처님께 삼배(三拜)하고 자리에 앉아 좌선을 하거나 경전을 읽으며

조용히 마음의 준비를 한다.
만일 법회시간에 늦게 참석하였을 경우 뒷좌석에 방해되지 않게 합장 반배 하고 바로 앉아 설법을 들어야 한다.
③ 법사는 부처님을 대신하여 설법하는 분이므로 법문을 청할 때는 청법을 하며 삼배(三拜)를 올리고 윗자리에 모신다.
④ 법회가 시작되고 설법을 들을 때엔 설법내용이 다 아는 것일지라도 경박한 마음을 내지 말고 자기 일상생활에서 실천되고 있는가를 반성하며, 부처님의 가르침을 배우고 익혀 생활의 길잡이로 삼아야 한다.
⑤ 법회를 마치면 자기가 사용했던 물건(방석 등)을 반드시 제자리에 정리한다.
⑥ 법회란 함께 모여 설법을 듣고 참회·기도·발원하는 우리들의 신행생활이므로 반드시 참석하는 것이 불자의 도리일 뿐만 아니라 자신의 신행생활에 길잡이가 된다.
⑦ 법문을 듣고[聞] 생각하고[思] 실천하는 것[修]을 삼혜(三慧)라고 하며 듣고 생각하지 않는 것은 밭갈고 씨뿌리지 않는것과 같고, 실천하지 않는 것은 씨뿌리고 김매지 않고 거두지 않는것과 같다.

8) 경전(經典) 수지예법
① 경전은 삼보 가운데 하나인 법보(法寶)이며 부처님의 진리가 담긴 책으로 항상 소중히 간직해야 한다.
책장을 넘길 때는 손에 침을 묻혀서 넘겨서는 안된다.
② 경전에 더러운 것이 묻어 있을 경우 깨끗한 수건으로 잘 닦아내야 하며 더러운 손으로 만져서는 안된다.
③ 법당에서 경전을 펼칠 때는 마루바닥에 바로 놓지 말고 방석이나 예배포(기도포)위에 정갈하게 얹어두고 사용한다.
④ 경전 위에 다른 책이나 물건을 함부로 올려 놓지 말며 항상 높고 깨끗한 곳에 간직한다. 불자는 언제나 경전을 지니고 다니면서 때때로 읽고 깊이 음미함으로써 자기 정화를 위하여 노력해야 한다.

2. 계율(戒律)

1) 오계(五戒)
첫째, 살아있는 모든 것을 함부로 해치지 않고, 자비의 행을 하겠습니다.(不殺生)
둘째, 남의 것을 훔치지 않고, 복덕의 행을 하겠습니다.(不偸盜)
셋째, 삿된 음란한 행위를 하지 않고, 청정한 행을 하겠습니다.(不邪淫)
넷째, 거짓말을 하지 않고, 진실의 행을 하겠습니다.(不妄言)
다섯째, 술을 마셔 취하지 않고, 지혜의 행을 하겠습니다.(不飮酒)

2) 보살십중대계(菩薩十重大戒)
첫째, 살아있는 생명을 해치지 말라.
둘째, 주지 않는 것을 훔치지 말라.
셋째, 삿된 음행하지 말라.
넷째, 거짓말, 험한 말, 이간질, 꾸민말을 하지 말라.
다섯째, 술을 사거나 팔지 말라.
여섯째, 사부대중(四部大衆)의 허물을 말하지 말라.
일곱째, 자기를 칭찬하고 남을 비방하지 말라.
여덟째, 자기 것을 아끼고 남을 욕하지 말라.
아홉째, 성내지 말고 뉘우치는 생활을 하라.
열째, 삼보를 비방하지 말라.

3. 기도(祈禱)

1) 기도의 의미
　기도는 부처님의 가르침대로 올바로 살아가고자 원(願)을 세우고 이를 반드시 성취시키고자 할 때 먼저 자신의 업장을 소멸하고 세속의 거센 물결을 헤쳐 나가겠다는 힘과 삼보에 대한 믿음을 키우는 것이다.

그러나 무수한 세월에 걸쳐 지어온 죄업과 현생에 길들여진 삿된 가치관과 습관은 너무나 두터워 쉽게 그 업장을 소멸시키기가 어렵다.

하지만 우리에게는 업장 뒤에 감춰진 무한한 능력이 있다. 거짓 가치에 대한 완벽한 거부, 욕망과 쾌락에 찌든 육신에 대한 철저한 부정 그리고 진리를 위해서라면 신명을 바칠 각오로 싸워나갈 때 부처님의 원력은 든든한 배경이 되어 업장을 소멸하고 원을 성취시킬 수 있는 것이다. 올바르게 살려는 자신의 의지와 서원을 지니고 이를 성취하기 위하여 부처님의 가피력을 입으려는 실천이 곧 기도인 것이다.

2) 기도의 종류

① 상구보리(上求菩提)의 기도

삶의 진실한 가치를 바로 볼 수 있는 지혜를 얻게 기도하는 것이다. 다시는 무명의 구름 속에서 헤매이지 않게 지혜의 눈을 뜨게 되기를 소망하는 것, 이것이 상구보리의 기도이다.

② 하화중생(下化衆生)의 기도

고통받는 뭇 중생의 고통을 여의도록 기도하는 것이다. 모든 중생이 성불하여 영원한 기쁨을 누릴 수 있도록 하는 기도이다. 지옥 중생들을 볼 때, 내가 잠시라도 그들의 고통을 쉬게 하고 그들이 구원될 수 있도록 해 달라는 기도이어야 한다. 이것이 하화중생의 기도이다.

③ 원력(願力)의 기도

지혜를 증득하고 자비의 행을 할 수 있는 힘을 주십사 하는 기도이다. 정의를 실현하기 위해서 고난을 이겨낼 수 있기 위해서 용기와 인내를 갖게 해주십사 하는 기도이며, 그런 능력을 갖게 해주기를 기원하는 원력의 기도이다.

④ 회향(廻向)의 기도

모든 기도의 성취와 공덕은 일체중생의 노력에 의한 것이며, 제불보살의 가피력이므로 일체의 공덕은 일체중생에게 돌아가게 해달라는 감사와 회향(廻向)의 기도인 것이다.

⑤ 구복(求福)의 기도

병의 완쾌와 건강의 회복과 고통의 소멸 등 자신의 기쁨이 이웃의 고통을 동반하지 않는 구복(救福)의 기도를 말한다.

인연과(因緣果)의 원리에서는 이웃을 위한 기도가 곧 자신을 위한 기도가 된다. 베풀어 가짐으로써 함께 기쁨을 누리는 기도여야 한다. 기도는 죄업을 소멸하는 것이다. 욕망충족이나 저주의 기도를 함으로써 이웃을 욕되게 하는 기도는 오히려 죄업을 쌓는 과보를 초래하게 된다.

3) 기도의 방법

① 호명염불(呼名念佛)기도

부처님의 명호를 부르면서 일심으로 부처님만을 생각하고, 입으로만 호명하는 것이 아니라 마음으로 생각하며, 가슴에서 우러나오는 소리로 간절히 부처님께 절복하는 자세로 기도한다.

일반적으로 부처님을 흠모하고 부처님께 귀의할 때는 '석가모니불'을 호명하고, 죽어가는 사람을 위해 왕생극락을 빌 때에는 서방세계 극락정토에 계시는 '나무아미타불'을 호명한다. 이 때 나무란 뜻은 인도 원어로써 귀의한다는 뜻이다.

영가를 천도할 때는 '나무아미타불'이나 지옥에서 고통속의 중생을 구원하시는 '지장보살'을 호명하고 병자를 위해서는 동방유리광 세계에서 중생의 병을 구원하시는 '약사여래불'을 호명하며 고통받는 중생의 구원을 위해서는 '관세음보살'을 호명한다.

② 독경(讀經)기도

'반야심경'이나 '천수경' '금강경' '법화경' 등 경을 외우면서 기도하는 가운데 부처님의 진리의 가르침으로 머리가 가득할 때 마음은 일심이 되고 경의 진리에 눈뜨게 되는 것이다. 그러나 내용도 모르면서 외우기만 해도 무량공덕이 있다는 것은 맹신이다.

③ 진언(眞言)기도

밀교에서 하는 '옴 마니 반메훔'과 '능엄신주', 또는 '옴 아비라 훔 캄 스파하'의 법신주(法身呪) 등 비밀스러운 진언을 외우면서 정신을 집중하는 것을 진언기도라 한다. 이 진언은 신통력을 얻는 지름길이기도 한데 잘못하면 맹신에 빠지기 쉬우므로 진언을 외우는 자신을 관(觀)하면서 기도하는 것이 필요하다.

4. 불공

1) 불공의 의미

불공(佛供)이란 부처님께 올리는 공양을 말한다. 부처님의 십대 명호 중 응공(應供)이란 존칭이 있는데, 이는 응당히 공양받을 분이란 뜻이다. 부처님은 모든 중생의 고통을 구제하시고 모든 중생의 어리석음을 깨우쳐 주시며 모든 중생을 열반에 인도하신 분으로 온 우주의 대 스승이시며, 모든 생명의 자비스런 어버이되시기에 우리는 응당히 부처님의 은혜에 보답하는 마음의 표시로 공양을 올리는 것이고, 그것은 곧 일체중생의 은혜를 갚는 길이기도 한 것이다.

내가 입고 쓰고 자고 먹는 행위 가운데 중생의 노고로 이루어지지 않는 것이 없을진대, 그 은혜에 보답하는 길은 모든 것을 아낌없이 베풀어 줌으로써만 가능하다. 나의 재물과 명예와 권위를 일체중생에게 돌려주는 회향(廻向)이 바로 불공인 것이다. 부처님께 올림으로써 일체중생에게 회향하도록 하는 것이 불공의 참 뜻이다.

2) 불공의 종류

불공의 대상에 따라 미타청(彌陀請)·약사청(藥師請)·미륵청(彌勒請)·관음청(觀音請)·지장청(地藏請) 등 여러 종류가 있다. 각각의 부처님과 보살·호법신을 따로따로 모시어 공양을 청하는 것을 각청(各請)이라 하고 이를 모두어 전체적으로 일컬어 제불통청(諸佛通請)이라 한다. 제불통청은 불·법·승 삼보를 통괄적으로 초청하여 공양을 올리는 의식이므로 삼보통청(三寶通請)이라고도 한다.

5. 천도재(薦度齋)

1) 천도재의 의미

천도의 뜻은 천혼(薦魂)·천령(薦靈)이라 하며 죽은 이의 명복을 빌기 위하여 불보살님께 재(齋)를 올리고 영혼들로 하여금 극락세계나 천상에 태어나도록 기원하며 좋은 길로 인도하는 의식이다.

곧, 영가천도란 세상의 온갖 욕심과 애착 속에 살던 사람이 중음신(中陰神)이 되었을 때 살았을 때의 모든 집착들이 덧없음을 깨달아 한마음 돌이켜 좋은 몸을 받아 보살의 삶을 살도록 인도하는 것이다.

그리고 천도재 회향시 후손들이 불법을 전하고 불법과 인연을 심어줄 수 있는 법공양으로 경전이나 포교물품, 음식 등을 이웃에게 보시하여 영가의 복덕을 대신 쌓아주어 그 복력(福力)으로 좋은 곳으로 가시라는 뜻을 지니고 있기에 후손들이 올릴 수 있는 마지막 효도가 된다.

2) 천도재의 종류

① **사십구재(四十九齋)**

영가(靈駕)가 돌아가신 날로부터 칠일마다 한번씩 재를 올리게 되는데 그것을 또 일곱번 올린다. 일곱번째 재를 막재, 그리고 칠일마다 올리는 재를 칠칠재라하며 이를 통틀어 사십구재라고 한다.

전통적인 제사(祭祀)는 단지 영가들에게 음식을 대접하고 영혼을 달래주는 것에서 그치지만 아미타불의 가피력과 지장보살님의 본원력에 의지하여 진행되는 불교의 천도재(薦度齋) 의식은 부처님의 법문을 들려드려 영가에게 집착을 놓아버리고 참회와 발원의 마음을 지니게 하여 극락세계로 이끌어주는 것이기에 의미가 크다할 것이다.

② **구병시식(救病施食)**

새로운 몸을 받지 못하고 구천을 떠도는 중음신의 영가들의 하소연에 시달리어 정신적 고통을 겪는 사람들을 위하여 사찰에서 행하는 천도의식이다. 시식(施食)이란 지옥에서 굶주림의 고통을 받는 모든 영가들에게 공양물을 베풀어 허기의 고통을 달래주고 부처님의 가르침을 통해 영가를 천도해 주는 것으로서 환자의 몸에서 영가가 떠나게 하여 병이 낫도록 기원드리는 의식을 말한다.

③ 수륙재(水陸齋)

수륙재는 물과 육지에서 살아가는 모든 생명들의 왕생극락을 기원드리며 부처님의 가르침을 설하여 천도공양하는 의식이다. 이는 모든 생명을 똑같이 공경해야 하는 불교의 생명공양사상에서 나온 것으로 다른 말로 수륙무차평등재문의(水陸無遮平等齋文儀)라고도 한다. 이는 사람 뿐만 아니라, 육지나 물이나 하늘에서 사는 모든 중생(곤충·짐승·물고기 등) 들도 똑같이 존중하여 공양을 베풀고 왕생하기를 기원드린다는 뜻이다.

6. 수행지침

1) 수행정진의 10가지 마음(修行十課)

① 신심견고(信心堅固)

믿음은 도의 근원이며 공덕의 어머니이다.
불자는 삼보에 대한 믿는 마음이 금강과 같이 견고하고 태산과 같이 움직이지 않아야 한다.

② 조석예불(朝夕禮佛)

아침·저녁으로 부처님께 예를 올리는 것은 불자된 자의 도리이다.
불자는 바쁘고 피곤하더라도 조석예불을 잊어서는 안된다.

③ 간경구법(看經求法)

경을 읽고 법을 구하는 것은 구도자의 자세이다.
불자는 경을 읽고 법을 깨달아 무명에서 벗어나 지혜를 얻어야 한다.

④ 염불 · 선정 (念佛禪定)

부처님을 생각하고 마음을 밝히는 일은 수행의 근본이다. 불자는 염불과 참선으로 번뇌의 속박에서 벗어나야 한다.

⑤ 참회 · 발원 (懺悔發願)

잘못을 뉘우치고 큰 원을 발하는 것은 보살의 삶이다.
불자는 참회와 발원으로 삶의 바탕을 삼아야 한다.

⑥ 보시이타 (布施利他)

남에게 베풀어 주고, 남을 이롭게 하는 일은 보살의 원력이다. 불자는 항상 능력에 따라 베풀고 남을 이롭게 해야 한다.

⑦ 지계청정 (持戒淸淨)

계율을 지켜 신 · 구 · 의 삼업을 깨끗이 하는 일은 불자의 몸가짐이다. 불자는 어느 때, 어느 곳에서라도 청정한 지계생활을 해야 한다.

⑧ 인욕수순 (忍辱隨順)

참고 수순하는 일은 화합의 바탕이 된다.
불자는 어떠한 역경과 고난이 닥치더라도 참고 수순하는 태도를 잃지 않아야 한다.

⑨ 용맹정진 (勇猛精進)

위와 같은 일상수행을 게을리하지 말고 쉬임없는 노력을 기울이는 것이 수행자의 태도이다. 불자는 항상 부지런한 노력으로 바른 신행을 추구해야 한다.

⑩ 전법도생 (傳法度生)

위없는 바른 진리를 남에게 전해 주어 고해에 허덕이는 무명중생을 깨우치는 일은 제보살의 한결같은 원력이다.
불자는 모름지기 언제 어디서나 전법도생을 생명으로 삼아야 한다.

2) 신행(信行)의 순서

① 바른 믿음[信]

"불법의 바다에는 믿음으로써 들어갈 수 있다"고 하였다.

불법은 우리를 깨달음으로 인도하는 바른 진리라는 마음의 결정이 곧 신심이다. 불교의 신행은 이러한 결정에서부터 시작된다.

불교의 믿음은 유일신적(唯一神的) 종교의 믿음과는 다르다. 불교의 믿음은 신의 절대적인 권능이나 창조를 믿고 그 은총을 입고자 하는 태도가 아니라, 2500여년의 장구한 역사속에 불법을 통해 깨달음을 성취하신 고승들의 삶을 통해 우리도 불법 안에서 불보살님과 닮아가는 삶을 통해 우주의 실상을 깨닫고 생사를 초월하여 현실의 고통을 이겨낼 수 있다함을 확신하는 대결단이다.

② 철저한 깨달음[解]

바른이해가 없는 믿음은 미신이나 맹신(盲信)이 되기 쉽다.

불교는 교리를 무조건 믿는 종교가 아니라 합리적 이성의 종교라고 할 만큼 지식과 지혜를 중요시 한다. 철저한 앎에서 바른 믿음이 나오고, 바른 믿음에서 철저한 이해가 가능하므로 불교신행에 있어서 믿음과 이해는 수레의 두 바퀴와 같고 새의 두 날개와 같은 것이다.

이처럼 불교신행에는 반드시 지혜가 있어야 하며, 그러기 위해서는 법을 묻고, 법을 구해야 하며, 또 스스로를 반조하고 선정을 닦아야 한다. 그리하여 우주와 인생의 참다운 진실이 무엇인가를 알아야 한다.

③ 적극적 실천[行]

믿음과 앎이 성숙되면, 이에 의한 실천인 보살행(菩薩行)이 따라야 한다.

비록 연기법(緣起法)의 진리를 깨닫고 확신한다 하더라도 그러한 삶인 보살행으로 곧바로 나아가기는 쉽지 않다. 그러므로 계속적인 반복훈련이 필요하게 된다. 그러기에 우리는 이미 몸에 습(習)이 된 업장(業障)을 녹이기 위하여 쉼없이 참회와 발원의 정진을 해가야 한다.

수행이 점점 깊어지면 언제 어디서나 법에 어긋나지 않는 진정한 불자의 삶이 될 것이다.

④ 대자유의 성취[成就]

불교에 대한 올바른 믿음과 이해와 수행을 통해 얻어지는 마지막 결과를 말한다. 흔히 증득(證得) 혹은 증험(證驗)이라고 표현하기도 하는데 다른 말로 바꾸면 성취라고 할 수 있다.

불교수행을 통해서 모든 것이 성취되었을 때 이것을 해탈이라고 표현하기도 하며 해탈이란 우리의 고정관념이나 속박, 편견으로부터 벗어나는 것이며 나아가서 삶과 죽음의 문제에서 해방되는 것을 말한다. 그리고 중요한 것은 생사가 없는 도리를 이해하고 실천할 수 있어야 하며 이는 자신이 본래 부처인 줄 인식하는데 그치지 말고 본질이 부처임을 일상생활에서 느껴야 하는것을 말한다.

진정한 해탈은 부처의 작용을 나타내는 것이며, 깨달음이 일상에 응용되어 매사에 자유자재할 수 있으면 그것이 곧 불교 신행의 결과로 얻을 수 있는 궁극적인 목적인 것이다.

3) 사홍서원(四弘誓願)

① 중생무변서원도 (衆生無邊誓願度)

'중생이 가 없지만 기어이 다 건지리다.'

보살은 수없이 많은 중생을 다 구제하기를 서원하며 중생을 다 구제한 다음에야 자신이 성불할 것을 스스로 다짐한다. 그러나 중생이 가 없으니 보살의 구제행도 결코 끝이 있을 수 없다.

② 번뇌무진서원단 (煩惱無盡誓願斷)

'번뇌가 끝 없지만 기어이 다 끊으리다.'

중생이 가 없는 것 처럼 중생의 번뇌도 끝이 없다. 구도자로서의 보살은 중생으로 하여금 번뇌를 끊게 하는 것처럼, 자신의 번뇌도 무진함을 알고 그것을 끝까지 끊어 없애기를 서원하는 것이다.

③ 법문무량서원학 (法門無量誓願學)

'법문이 가 없지만 기어이 다 배우리다.'

시방과 삼세를 통하여 모든 부처님께서 중생을 위해 법의 문을 여시니, 그 문은 결코 헤아려 알 수가 없다. 뿐만 아니라 온 법계가 그대로 부처님의 몸 나투심이니 또한 일체존재 그대로가 다 법문 아님이 없다.

스스로 성불의 길을 향해 가는 보살은 한없는 그 법문을 남김없이 다 배우고자 서원하는 것이다.

④ 불도무상서원성 (佛道無上誓願成)

'불도가 위 없지만 기어이 다 이루리다.'

깊고 미묘해서 그 이상이 있을 수 없는 법, 그것이 곧 부처님의 길이다. 그러나 아무리 높아도 보살은 모든 중생과 함께 언젠가는 반드시 그곳에 도달하지 않으면 안된다.

4) 사섭법(四攝法)

중생을 건지기 위해 늘 중생과 더불어 살고 있는 보살은 항상 그들 곁으로 가까이 가고 그들이 즐겨 따를 수 있도록 섭수(攝受)한다.

① 보시섭 (布施攝)

남에게 조건없이 베풀어 줌을 말한다. 그것은 물질적[財施]이건 진리를 가르침[法施]이건 정신적 위안[無畏施]이건 어떤 형태로든지 남에게 베풀어 주는 것이다.

② 애어섭 (愛語攝)

친절하고 부드럽고 인자한 말로써 중생을 받아들이는 방법을 말한다. 중생을 따르도록 하고 스스로 따르는 중생을 포섭하는 일은 보살의 사명이기도 한 만큼 보살은 자애로운 말로써 포악한 사람을 온순하게도 하고 또 절망과 비애에 빠진 사람에게 희망과 용기를 넣어준다.

③ 이행섭 (利行攝)

말 뿐만 아니라 실제로 중생에게 이익을 베푸는 실천행을 가리킨다. 따라서 보살은 언제나 몸과 말과 뜻 세 가지 행동으로 중생을 이롭게 한다.

④ 동사섭 (同事攝)

중생과 함께 희비애락을 나누고 동고동락함을 말한다.

이는 사섭법 가운데 가장 어렵고 중요한 것으로서 동병상련(同病相憐)하는 마음자세와 그 방법이다.

옛날 유마거사(維摩居士)는 '중생의 병이 다 나아야 내 병이 낫는다'고 했던 심정 바로 그것이다.

5) 사무량심(四無量心)

보살이 중생을 위해 자비심으로 갖는 네 가지 한량 없는 마음이 사무량심이다.

① 자무량심 (慈無量心)

모든 중생에게 즐거움을 주려는 마음이다.

어버이가 어린 자녀를 기쁘게 하여 그 기뻐하는 모습에서 한 없는 기쁨을 느끼듯이 보살은 일체 중생을 내 몸과 같이 생각하여 항상 모든 중생에게 기쁨을 주려는 마음을 갖는다.

② 비무량심 (悲無量心)

모든 중생의 고통을 벗겨 주려는 마음이다.

어린 자녀를 두고 영면에 들려는 어버이가 어린 자녀가 한없이 가엾고 애틋하듯 중생의 고통을 보는 보살은 가엾게 여기는 비심(悲心)을 일으킨다.

③ 희무량심 (喜無量心)

모든 중생이 기쁨을 얻게 하고 그 기쁨에 동참하는 마음이다. 보살은 동체대비(同體大悲)의 마음으로 뭇 중생이 고통을 여의고 낙을 얻어 기쁨을 느끼도록 하며 그들의 기쁨을 진정으로 함께 나누는 마음을 지닌다.

④ 사무량심 (捨無量心)

모든 중생을 절대 평등하게 보고 어여삐 여기는 마음이다. 중생은 오직 보살의 자비와 구제의 대상이다.

거기에 친(親)과 원(怨)의 차별이 있을 수 없다. 보살은 이와 같이 차별심을 버리고 모든 중생을 평등하게 여긴다.

6) 육바라밀(六波羅蜜)

중생 구제의 행도(行道)를 가는 보살의 과업은 중생의 수 만큼이나 무수하다. 그 무수한 과업들을 크게 여섯으로 묶어 보살이 실천해 나갈 덕목으로 삼은 것이 곧 육바라밀이다.

바라밀은 범어(梵語) 파라미타(paramita)의 음역이며 그 뜻은 '피안(彼岸)으로 건너간다'는 말이다.

① 보시 (布施)

아무런 조건없이 베풀어 주는 것, 즉 보수없는 봉사[無住相布施]를 말한다. 굶주린 사람에게 먹을 것을 주고, 헐벗은 사람에게 입을 것을 주며[財施], 무지한 사람에게 부처님의 법을 베풀며[法施], 두려워하는 사람에게 위안과 용기[無畏施]를 주는 것이 곧 보시이다.

② 지계 (持戒)

계율을 지니는 것, 즉 생활의 규범을 갖는 것을 말한다.

언제나 자기 중심이 아니고 중생을 위하여 생활하는 보살은 몸으로 살생을 하지 않고, 주어지지 않는 물건을 취하지 않으며, 부정한 음행을 행하지 않을 뿐 아니라 입으로는 욕설을 하거나 이간시키는 말이나 아첨하는 말을 하지 않는다.

③ 인욕 (忍辱)

참기 어려움을 참고 행하기 어려운 일을 능히 행함을 말한다. 물질

생활에 있어서는 내 궁핍을, 정신생활에 있어서는 극기를 인욕이라 한다. 부처님도 과거에 많은 인욕을 쌓아 왔으므로 부처님이 되신 것이다.

④ 정진(精進)

끊임없는 노력을 말한다.

안으로 인격완성을 위하여 끝없는 번뇌를 끊고, 밖으로는 무수한 중생을 피안으로 인도하는 일은 끊임없는 노력없이는 이루어질 수 없다.

⑤ 선정(禪定)

'생각하여 닦는다', '생각을 고요히 한다'는 뜻이다. 이는 번뇌망상으로 인하여 생겨나는 번거롭고 소란한 마음을 진정시켜 정신을 통일하는 수행방법이다.

정(定) 또는 삼매(三昧)라고도 한다. 삼매란 시간과 공간을 초월한 경지이며, 말로써 표현할 수 없는 직관지(直觀智)이다.

⑥ 지혜(智慧)

선정에서 얻어진 것이 지혜이다.

지혜는 범어 반야(般若)의 번역으로 이는 듣고 배워서 얻어진 지식(知識)과는 다르다.

순일무잡한 진여본성(眞如本性)을 증득한 분별없는 무소득지(無所得智), 즉 무분별지(無分別智)를 말한다.

그러므로 보살은 지적(智的)인 면에서는 부처님처럼 열반에 들 수 있는 능력을 갖추고 있으면서도, 중생구제를 위하여 혜적(慧的)인 면을 활용하여 중생제도에 힘쓰는 것이다.

7) 팔정도(八正道)

고를 떠나 열반에 이르기 위한 불교의 실천수행으로서의 여덟 가지 바른 길이다.

① 정 견(正見)

일체 존재와 사물에 관해 바르게 관찰하고 바른 견해를 가지는 것이다.

이는 삼법인에서 밝히고 있는 것처럼 제법의 실상을 있는 그대로 여실히 볼 것을 요구하는 견해의 정화(淨化), 관찰의 정화를 말한다.

② 정사유(正思惟)

탐애와 번뇌에 얽매임이 없이 밝은 지혜로써 사성제의 이치를 바르게 생각하는 것이다. 올바른 사유의 생활을 말한다.

③ 정 어(正語)

정견·정사유에 의하여 항상 진리에 계합하는 바른 말로써 표현을 하라는 것이다.

거짓말, 허망된 말, 악한 말 등을 하지 않고 의로운 말, 진리를 드러내는 말을 하는 언어생활의 정화를 말한다.

④ 정 업(正業)

정견·정사유에 의한 바른 행동을 말한다. 몸과 입과 뜻의 세가지 업[身口意·三業]을 늘 정화하여 악업을 짓지 않도록 하는 것이다.

⑤ 정 명(正命)

바른생활, 즉 생활하는 방법을 말한다. 정당하고 올바른 직업으로써 생활하라는 것이다.

직업에 대한 귀천의 문제가 아니라, 직업이 정당하고 정당하지 않는가에 문제가 된다.

⑥ 정정진(正精進)

부처님의 가르치심에 따라 악을 방지하고 선을 실천하는 생활이 이루어지도록 바르게 노력하는 것이다.

바른 생활과 수행을 게을리하지 않고 항상 용맹스럽게 나아가는 것을 말한다.

⑦ 정 념(正念)
 '염'은 부질없는 욕망과 사념을 버리고 항상 바른 마음 바른 기억으로서 거룩한 법을 실천 수행해 나가는 것이다.

⑧ 정 정(正定)
 산란한 모든 것을 여읜 몸과 마음의 바른 안정을 말한다. 곧 신심의 일체화로서 몸과 마음이 항상 고요한 일경성(一境性)의 상태에 있게 하는 것이다.

 이상의 팔정도를 크게 네 부분으로 묶어서 생각해 보면 다음과 같다.
  첫째, 불타의 가르침에 의해 일체 존재의 실상을 바르게 관찰하고 바른 견해를 갖는 일[正見].
  둘째, 바르게 생각하고, 바르게 말하고, 바르게 행동하며 일상생활을 영위하는 일[正思·正語·正業].
  셋째, 바르고 정당한 직업으로써 살아가는 일[正命].
  넷째, 바른 종교적 수행을 실천하는 일[正情進·正念·正定].

 괴로움을 여의고 열반에 이르는 길은 이와 같이 특별한 요구이기보다는 오히려 범상한 것들이다.
 팔정도의 요청은 한 마디로 말해 평범한 가운데 올바른 실천을 하는 것으로써 균형이 잘 취해진 생활이나 욕망의 처리방식 같은 것을 말하고 있다.

7. 기념일과 십재일

1) 기념일(음력)
① 교주 석가모니부처님이 이 세상에 오신 부처님 오신 날(4월 8일)
② 석가모니부처님이 도를 구하기 위하여 모든 것을 버리고 출가한 출가일(2월 8일)
③ 6년의 수행 끝에 무상정등정각을 이루신 성도일(12월 8일)

④ 사바세계의 모든 인연을 마치고 진리의 세계로 돌아가신 열반일 (2월 15일)
⑤ 석가모니 부처님 당시 목련존자가 지옥에 빠진 어머니를 구한 것으로 시작되어 모든 지옥의 중생을 구하고 돌아가신 부모님을 천도하는 백중 또는 우란분절(7월 15일)

이날은 스님들 하안거 해제일이므로 이때 수행한 힘으로 영가의 큰 복덕이 되어 좋은 곳으로 천도되어 간다고 경에 말씀되어 있다.

2) 십재일

재(齋)란 몸과 마음을 깨끗이 한다고 의미를 지니고 있어 삼업(三業)을 맑히고 악업(惡業)을 짓지 않는다는 의미가 있다.

그러기에 십재일이란 한달 중 열흘을 재계(齋戒)하고 그 날짜에 해당하는 불·보살께 공양 올리고 그 해당 부처님이나 보살명호를 하루에 천번 이상 독송하며 정진한다.

해당되는 부처님께 공양 올림이란 어떤 불상이든 그 앞에서 그 날짜에 속한 부처님을 생각하며 향·초·꽃·과일 등을 올리고 난 뒤 절을 하고 그 해당되는 부처님 명호를 외우는 것이다.

십재일과 명호
① 1일 정광불
② 8일 약사여래불
③ 14일 현겁천불
④ 15일 아미타불
⑤ 18일 지장보살
⑥ 23일 대세지보살
⑦ 24일 관세음보살
⑧ 28일 노사나불
⑨ 29일 약왕보살
⑩ 30일 석가모니불

8. 불보살 명호와 의미

1) 여래십호(如來十號)

부처님을 부르는 10가지 이름으로 의미는 아래와 같다.

① 여래(如來)

　삼세(三世)의 모든 부처님은 다 진리 그대로여서 진리와 여여(如如)하게 동일하여 둘이 아니며 모든 부처님은 다 이렇게 여여한 진리의 세계에서 중생을 위해 온몸을 나투신다. 여여하게 오신다는 뜻에서 여래라 했다.

② 응공(應供)

　부처님은 악한 것은 다 끊고 착한 것이면 어떤 공덕이나 다 성취하셨으므로 사람이나 하늘의 공양을 받아서 마땅하다는 뜻에서 응공(應供)이라 했다.

③ 정변지(正遍知)

　부처님은 온갖 것을 다 아는 지혜[一切智], 생명이 없고 피차 주객의 상대 세계가 끊어져서 본래 평등한 절대진리 근본지(根本智)를 갖추어서 우주간의 모든 정신적·물질적 현상을 알지 못하는 것이 없다는 뜻에서 정변지라 했다.

④ 명행족(明行足)

　부처님은 계(戒)·정(定)·혜(慧) 삼학을 통하여 위없는 큰 깨달음의 지혜를 구족하셨고, 천안명(天眼明)·숙명명(宿命明)·누진명(漏盡明)의 삼명(三明)과 거룩한 신(身)·구(口)·의(意) 삼업행(三業行)을 만족했다는 뜻에서 명행족(明行足)이라고 한다.

⑤ 선서(善逝)

　모든 좋은 인(因)으로부터 모든 좋은 과(果)에, 절대의 진리인 불과(佛果)에 잘 가시는 이, 진리가 아닌 것에는 결코 돌아오지 않는 이, 또 여실히 저 언덕에 건너가서 다시 생사고해에 빠지지 않는다는 뜻에서 선서라 했다.

⑥ 세간해(世間解)

　이 세상의 온갖 것을 다 아시고 유정과 무정의 온갖 일을 남김없이 잘 아신다는 뜻이다.

⑦ 무상사(無上士)
　부처님은 유정 가운데 이 세상에서 가장 거룩하고 높으신 분이어서 위없는 성인(聖人)이라는 뜻이다.
⑧ 조어장부(調御丈夫)
　부처님은 대자대비하신 마음과 큰 지혜로써 온 중생을 조복(調伏)하고 제어(制御)하여 여러 가지 방편으로써 중생들로 하여금 깨달음을 얻게 한다는 뜻이다.
⑨ 천인사(天人師)
　부처님은 모든 미혹 망상을 여의고 모든 진리를 깨달아서 하늘나라에 대해서나 인간세상에서나 최상의 스승이 되신다는 뜻이다.
⑩ 불세존(佛世尊)
　불(佛)은 위없는 큰 깨달음(無上正等正覺)을 이룬 각자(覺者:깨달은이)라는 불타(佛陀)의 줄인말이다. 그리고 부처님은 하늘세상이나 인간세간에서 최고의 존경을 받으시는 분으로 천상천하(天上天下)에서 가장 높은 어른이란 뜻으로 세존(世尊)이라 했다.

2) 석가모니불

　석가모니(釋迦牟尼)는 석가족(釋迦族)의 성자(聖者)를 뜻하는 말로서 본래의 이름은 고오타마·싯다르타이다.
① 싯다르타는 기원전 560년경 카필라바스투(현재 네팔의 타라이 지방)라는 도성(都城) 근교에 있는 룸비니 동산에서 아버지 숫도다나왕과 어머니 마야부인 사이에서 음력 4월 8일에 탄생하셨다.
② 스물 아홉 살 되는 해 음력 2월 8일 밤중에 출가한 싯다르타는 스승을 찾아 이곳 저곳으로 돌아 다니며 수행 하시었다.
③ 붓다가야(현재 가야시의 남쪽 교외)에 정착하여 수행하기 시작한 지 6년(35세)되는 해 납월 8일(음력 12월 8일)에 샛별을 보고 정각(正覺)을 이루셨다.
④ 도를 이루신 석가모니 부처님은 성도지(成道地) 붓다가야에서 서쪽으로 약 200킬로미터 떨어진 베나레스(현재의 바라나시)의 북방에

위치한 녹야원(현재의 사르나트)에서 다섯 수행자에게 처음으로 설법하셨다.
⑤ 성도 후 45년 동안 길에서 길로 전법(傳法)활동을 펴셨던 석가모니 부처님은 쿠시나가라 사라나무 숲에서 "모든 것은 변한다, 게으르지 말고 쉬지 말고 정진하라"는 마지막 말씀을 남기고 80세 되시는 해의 음력 2월 15일에 입멸하셨다.

석가모니불의 수인은 모든 마군을 항복시킨 성도 후 땅의 신에게 깨달음을 증명해 보라고 지으신 항마촉지인(降魔觸地印)이다.

3) 아미타불(阿彌陀佛)

아미타라는 부처님 이름은 원래 범어 아미타바(Amitabha)와 아미타유스(Amitayus)의 두 가지 말로 표현되었는데 의역하면, 무량광불(無量光佛:한없는 광명의 부처님) 혹은 무량수불(無量壽佛:끝없는 생명의 부처님)이 되고 음역하면 아미타불이 된다.

극락세계의 교주이신 아미타불은 까마득한 옛날 세자재왕(世自在王)여래께 출가하여 이름을 법장비구(法藏比丘)라 했다.

세자재왕 여래께서 말씀하시는 무수한 불국토를 관찰한 후, "극락에 태어난 자는 보리심에서 불퇴전하여 반드시 정각을 이루며, 극락에 태어난 자는 영원히 삼악도에 떨어지지 않고 임종시에는 부처님이 나타나시며 아미타불을 열 번만 부르면 극락 세계에 왕생하여지이다"하는 등의 48대원을 세우고 오랜 세월 동안 보살행을 닦아 극락세계를 건설하신 분이시다.

아미타불의 수인은 극락정토에 왕생하는 사람들에 상응하여 그 모습을 각기 달리하고 있으나 통상적으로 미타정인(彌陀定印)이라 한다.

4) 약사여래불(藥師如來佛)

약사여래는 동방의 정유리세계(淨瑠璃世界)교주로서 약사유리광여래(藥師瑠璃光如來)의 약칭이다. 범어 바이사쟈구루-바이두랴(Bhaisajyaguru-vaidurya)를 의역하여 대의왕불(大醫王佛) 또는 의왕선서(醫王善逝)라 한다.

먼 옛날 발심하여 모든 중생의 질병을 치료해 주고 모든 불구자를 온전하게 하며 삼재팔난의 위험에 처한 모든 중생을 구제하는 등의 12대원(十二大願)을 세우신 후 오랜 겁 동안 보살행을 닦아 성불하신 부처님이시다.

약사여래의 특징은 왼손에는 약병(藥瓶)을 들고 오른손은 시무외인(施無畏印)을 나타내고 있으며 혹은 오른손을 들고 왼손을 내린 모습 등이 있다.

5) 미륵불(彌勒佛)

미륵은 범어 마이트레야(Maitreya)의 음역이며 자씨(慈氏)라고 의역되며 우정(友情)이라는 뜻을 담고 있다.

미륵은 석가모니불의 뒤를 이어 미래에 이 세상 중생을 다 제도하실 미래불(未來佛)로서 지금은 도솔천에 보살로 계신다.

석가모니 부처님 당시 인도 바라나국의 바라문 집안에 태어나 석가모니 부처님의 제자가 되었고, "먼 훗날 화림원(華林園) 용화수(龍華樹) 아래에서 성불하여 삼회(三會) 설법으로 사바세계 중생을 모두 제도하리라"고 수기 받았다.

도솔천에서 그 곳 대중을 교화하고 계시는 미륵부처님이 오시는 세계를 용화세계라 하고 미륵부처님의 회상을 용화회상이라고 한다.

석가모니 부처님께서는 "내가 열반 후에 나의 제자가 가람을 수호하고 삼보(三寶)전에 공양하며 정법을 지키고 십선행(十善行)을 부지런히 닦으면 목숨을 마친 뒤에 반드시 도솔천에 왕생할 것이며 혹은 용화세계의 미륵불을 친견하여 최상의 도심(道心)을 일으키게 되리라"고 말씀하셨다.

미래의 구원자이신 미륵불은 중생들의 두려움을 걷워주시고 소원하는 것을 다 들어주신다는 시무외인(施無畏印)·여원인(與願印)을 하고 계신다.

6) 문수보살(文殊菩薩)

문수는 문수사리(文殊師利)의 약칭으로서 범어 만쥬스리(Manjusri)

의 음역이며 묘길상(妙吉祥)이라고 의역한다.

오른손에는 지혜의 칼을 들고 왼손에는 청련화(靑蓮華)를 들었으며 사자를 타고 있다. 오른손의 지혜의 칼과 왼손의 청련화와 사자를 타고 있는 모습은 중생의 무명 번뇌를 끊어 주고 세상 현실에 있으면서도 탐(貪)·진(瞋)·치(痴) 삼독(三毒)에 오염되지 않는 지혜로 모든 존재의 실상을 정견(正見)하여 용맹스럽게 정법을 실천하는 문수보살의 특징과 위신력을 뜻한다.

그러므로 예로부터 문수보살은 삼세 모든 부처님의 어머니라고 존칭해 왔고 현재에는 석가모니 부처님의 왼쪽에 모셔져 있는 보살로서 지혜를 맡고 있다.

7) 보현보살(普賢菩薩)

보현은 범어 샤만타바드라-비슈바드라(Samantabhadra-visvabhadra)의 의역으로서 행원(行願)의 위신력이 법계에 두루하여 부처님과 다름 없음을 뜻한다.

여러 가지 모습이 있으나 주로 흰 코끼리를 탄 모습과, 연화대에 앉은 모습을 하고 있으며 석가모니 부처님의 오른 쪽에 모셔져 있는 보살로서 일체의 행덕(行德)을 대표한다.

특히 "시방(十方)의 모든 부처님께 예경하고 공양하며, 세상의 모든 선근 공덕을 함께 기뻐하고 항상 부처님을 본받아 배우며 항상 중생의 뜻에 수순(隨順)하고 일체 공덕을 보리(菩提), 중생(衆生), 실제(實際)에 회향"하는 보현10대행원(普賢十大行願)은 모든 보살행의 근본으로서 깊은 의미를 지닌다.

8) 관세음보살(觀世音菩薩)

관세음은 관세음자재(觀世音自在)의 약칭이며 범어 아바로키테슈바라(Avalokitesvara)의 의역으로서 고해 중생의 간절한 염원을 관조(觀照)하여 구원의 자비를 베푸시는 분, 또는 불안과 공포가 없는 마음을 주시는 분이라는 의미를 갖고 있으며 아미타불의 왼쪽에 모셔져 있는 보살로서 일체의 자비를 대표한다.

관세음보살은 먼 옛날 천광왕정주여래(千光王靜住如來) 앞에서, "어떤 중생이 대비신주(大悲神呪-신묘장구대다라니)를 외우고도 극락세계에 왕생하지 못하는 이가 있다면 나는 맹세코 성불하지 않으리라."하는 대자비(大慈悲)의 원을 세운 천수천안(千手千眼)의 보살로서 세상을 교화함에는 중생의 근기에 맞추어 서른 두 가지의 다른 모습을 나타내신다.

9) 대세지보살(大勢至菩薩)

대세지는 범어 마하스타마-프라프타(Mahasthama-prapta)의 의역으로서 관세음보살과 함께 인행(因行) 당시 일백대원(一百大願)을 세워 수행한 보살이며 아미타불의 오른쪽에 모셔져 있다.

광명지혜로 일체 삼악도를 관찰하여 중생의 고통을 여의게 하는 위신력의 보살로서 극락세계의 지혜(혹은 희(喜)·사(捨))를 대표한다.

보살이 발을 옮길 때마다 대천세계의 마궁(魔宮)이 진동하고 보살을 뵙는 자는 고난이 저절로 소멸되어 수승한 안락을 얻게 되며 불의의 위험과 가혹한 형벌을 받게 되었을 때 지극한 마음으로 보살께 귀의하고 염불하면 바로 해탈을 얻게 하는 큰 힘이 있다 하여 '대세지'라고 한다.

왼손에는 백련화를 잡고 오른손은 설법인(說法印)을 했으며, 혹은 허심합장(虛心合掌:합장한 손바닥이 조금 빈 듯한 모양)을 한 모습 등 여러 가지 형상이 있다.

피지 않은 연꽃을 잡고 있음은 법의 종자를 중생의 심수(心水)에 뿌림 또는 중생들의 법의 싹을 보호하여 잘 자라게 한다는 뜻을 나타내고 있다.

10) 지장보살(地藏菩薩)

지장은 범어 크시티가르바(Ksitigarbha)의 의역으로서 대자비의 비원(悲願)이 대지처럼 부동하고, 선정(禪定)의 힘이 깊고 신비롭다 하여 지장(地藏)이라 한다.

먼 옛날 부처님 전에서 "죄고(罪苦)의 육도(六道) 중생을 다 해탈케

한 후에 성불하리라"는 비원(悲願)을 세워 수행하신 분이며 석가모니 부처님으로부터 "내가 입멸한 후 미륵부처님이 출현할 때까지 육도 중생을 교화하라"는 부촉을 받은 보살이시다.

보살은 천관을 쓰고 가사를 수했으며 시무외인(施無畏印)을 하고 있다. 혹은 왼손에는 연꽃을 쥐고 오른손에는 보주(寶珠)를 들기도 하며 머리 깎고 석장(錫杖)을 짚은 스님의 모습도 있다.

11) 약왕보살(藥王菩薩)

약왕은 범어 바이사쟈-라쟈(Bhaisajya-raja)를 번역한 이름으로, 먼 옛날 유리광소여래(瑠璃光昭如來) 당시 성숙광장자(星宿光長者)로 있을 때 일장(日藏)비구의 법문을 듣고 마음에 환희심을 내어 여러가지 과일과 일체 좋은 약을 일장비구와 대중들께 공양하고 보리심(菩提心)을 내었다. 이 때 함께 있던 아우 전광명(電光明)이 형을 따라 일체 좋은 약을 공양하고 대서원을 발하니 모든 대중이 찬탄하여 형을 약왕보살, 아우를 약상보살(藥上菩薩)이라고 했다.

이 보살은 항상 대비(大悲)의 약으로 일체 중생의 혹업(惑業)을 치료하고 법(法)의 즐거움을 주는데 자재(自在)하시다.

약왕보살은 모습이 단정 화려하고 왼손에 짐대[幢]를 가졌으며 약상보살은 영락(瓔珞)의 짐대를 받들고 있다.

9. 사찰의 건축물

1) 탑

탑이라는 말은 산스크리트어의 stupa의 음역 탑파(塔婆)를 줄인 말이다. 탑은 부처님의 사리를 묻고 그 위에 돌이나 흙으로 쌓은 일종의 무덤으로 초기 불교의 불제자들은 이곳에 모여서 부처님의 가르침과 부처님의 훌륭하신 생애를 흠모하고 또 예배하였다.

탑은 불상과 불화보다 먼저 된 것으로 초기 불교도들은 이 탑을 중심으로 수행해 왔다.

탑에는 반드시 부처님의 사리가 들어가야 한다. 그러나 시간이 흐르고 지역이 달라지면서 사리 대신에 불경을 넣기도 하였으니, 모든 탑은 단순한 건축물이 아니라 반드시 그 속에는 불사리나 불경 등을 넣어 불자의 귀의처를 삼았다.

탑을 만드는 재료는 시대와 지역에 따라서 돌·나무·흙 등이 사용되었으며, 그 양식도 각기 달라서 시대와 지역적 특색을 나타내고 있다.

그러므로 불자들은 불상과 함께 탑에도 예배를 하는 것이다.

2) 대웅전(大雄殿)

대개 사원의 중앙에 있는 중심건물이다.

중앙에는 석가모니불을 모시고 왼쪽에 문수보살, 오른쪽에 보현보살을 모신다. 대웅은 석가모니 부처님의 다른 호칭이며, 큰 장부(大丈夫)라는 뜻과 같다.

3) 비로전(毘盧殿)

대광명전(大光明殿)·대적광전(大寂光殿)이라고도 하며, 법신불(法身佛)인 비로자나불을 모신 법당이다.

사찰의 성격에 따라서는 이 법당이 중앙에 위치하면서 가장 큰 법당이 되기도 한다.

4) 극락전(極樂殿)

미타전(彌陀殿)·무량수전(無量壽殿)이라고도 하며, 서방정토의 주불이신 아미타불을 모시고 왼쪽에는 관세음보살, 오른쪽에는 대세지보살을 모신 법당이다.

5) 미륵전(彌勒殿)

용화전(龍華殿)이라고도 하며 미륵불을 모신 법당이다. 미륵불은 미래에 오실 부처님이시며, 미륵부처님이 오시는 세계를 용화세계라고 부른다.

6) 약사전(藥師殿)

약사여래(藥師如來)를 모신 법당으로 좌우에는 일광(日光)·월광(月光) 두 보살을 모시고 있다.

약사여래는 중생의 재난과 질병을 없애고 고난에서 구제하는 부처님이시다.

7) 관음전(觀音殿)

원통전·원통보전(圓通寶殿)이라고도 하며, 대자대비의 상징인 관세음보살을 모신 법당이다.

8) 지장전(地藏殿)

명부전(冥府殿), 또는 시왕전(十王殿)이라고도 한다. 대원력의 상징인 지장보살을 중앙에 모시고 명부의 시왕(十王)을 좌우에 모시기도 한다.

9) 팔상전(八相殿)

부처님의 생애를 여덟 부분으로 나누어, 여덟 폭의 그림을 그려 모신 법당으로 중앙에는 석가모니불을 모시고 있다.

10) 삼성각(三聖閣)

산신(山神)·칠성(七星)·독성(獨聖)을 모신 법당으로, 대개 큰 법당 뒤편에 있으며, 사찰에 따라서는 산신각(山神閣)이라하여 산신만 모시기도 한다. 이 산신이나 칠성은 민간신앙의 풍습이 불교에 흡수된 것이다.

11) 신중단(神衆壇)

주로 큰 법당(대웅전·대적광전 등)내 좌·우측에 탱화로 모셔진 불법옹호의 호법신장을 가리킨다.

12) 일주문(一柱門)

사찰 입구의 첫문으로, 이 문 위에 ○○산(山) ○○사(寺)라는 산명과 사명을 밝히고 있으며, 기둥을 일렬로 세운 문이다. 이 일(一)이라는 개념은 불교의 진리를 단적으로 나타낸 것이다.

중생과 부처가 하나이며, 진(眞)과 속(俗)이 하나이며, 만법이 일심(一心)의 드러냄임을 나타내는 상징적인 문이다.

13) 천왕문(天王門)

사천왕(四天王)을 모신 문으로 사천왕은 불법을 수호하고 사마(邪魔)를 방어하는 임무를 가진 호법천왕이다.

14) 해탈문(解脫門)

해탈은 불교수행의 가장 큰 목표로서 모든 번뇌의 속박에서 벗어나 대자유를 얻는 것을 뜻한다.

그러므로 일주문을 거쳐 해탈문을 지나면서 해탈의 경지에 이르라는 불교수행의 과정과 이상을 건물의 안배를 통해서 상징적으로 설명해 주는 문이다.

15) 불이문(不二門)

불이문 또한 부처와 중생이 둘이 아니며, 선과 악, 진과 속이 둘이 아니며, 나아가서 생사와 열반이 둘이 아니라는 부처님의 가르침을 상징하는 문으로 이 문을 통과하며 불법의 깊은 진리를 깨달으라는 의미를 갖고 있다.

16) 강당(講堂)

설법이나 강의를 하는 건물이나 그러한 방이 있는 곳을 가리킨다.

17) 선방(禪房)

참선을 하는 집이나 방을 가리킨다. 선가에서는 1년에 두 차례 석달씩 용맹정진을 한다.

여름철에는 음력 4월 보름부터 석달간, 겨울철에는 음력 10월 보름부터 석달간 정진한다.

18) 요사(寮舍)

스님들이 생활하는 건물을 통틀어서 요사라 한다.

10. 법 구(法具)

1) 종(鐘)
범종(梵鐘)이라고도 한다.
각종 의식에 사용되며 또는 대중을 모으거나 긴급한 사항(예를 들면 화재시)을 알리는 신호용으로도 사용된다.
의식에서 종은 지옥에서 고통받는 중생을 구제하기 위해서 친다.
이 종과 북과 목어와 운판을 사물(四物)이라고 부른다.

2) 법고(法鼓)
조석예불을 위시한 의식에서 사용되며 주로 축생(畜生)을 제도하기 위해서 친다.

3) 목어(木魚)
물고기 모양으로 나무를 깎아서 속을 판 것으로 의식시에 사용하며, 물 속에서 살고 있는 어류(魚類)들을 제도하기 위해서 친다.

4) 운판(雲版)
구름쪽 모양으로 만든 청동판(靑銅版)으로 의식에 사용되며, 날아다니는 조류(鳥類)를 제도하기 위해서 친다.

5) 목탁(木鐸)
원래는 목어와 같은 것이었으나 둥글게 만들어 목어와는 구별하여 쓴다.
목탁은 조석예불을 비롯한 각종 의식에 사용되며 대중을 모으는 신호용으로도 사용된다. 목탁이라는 말은 귀감·사표 등의 뜻으로 널리 사용되어진다.

6) 요령(搖鈴)
놋쇠로 만든 것으로 이를 흔들면 가운데 방울이 표면의 놋쇠를 쳐서 소리가 나는 법구이다.
주로 헌공시 또는 영가 천도시에 사용된다.

7) 죽비(竹篦)

통대나무를 두 쪽으로 갈라지게 만들어 손바닥에 치면 소리가 나는 법구로 주로 선원에서 참선의 시작과 끝을 알리며, 법회의식에서 입정시에 사용되고 스님들이 공양할 때도 쓰인다.

8) 다기(茶器)

부처님께 맑은 물을 올릴 때 쓰는 그릇이다.

9) 염주(念珠)

수주(數珠)라고도 하며, 보통 보리수 나무 열매인 보리자로 만드나 이외에도 여러가지 구슬 등으로 만들기도 하며 이 염주는 염불·기도·참회 등 각종 수행의식에 사용된다.

일반적으로 108개로 만들지만 경우에 따라서는 1천주·3천주도 있으며, 손목에 들어갈 정도의 염주알이 18개, 21개 등의 작은 것은 단주라고 부른다. 108이란 인간번뇌를 상징하는 백팔번뇌를 의미한다.

10) 발우(鉢盂)

스님들이 공양할 때 쓰는 나무를 깎아서 만든 그릇으로 보통 네 개로 되어 있다.

물론 부처님 당시에도 발우가 있었지만 오늘날과 같은 네 개로 된 것은 아니다.

법회편

마음은 모든 것의 근본이 된다.

마음은 또한 모든 것에 앞선다.

마음속에 선한 일을 생각하면

그 사람의 말과 행동이 그러하다.

그 선업 때문에 즐거움이 그를 따르니

마치, 그림자가 형체를 따르는 것 처럼.

법회 · 265

(1) 개회선언

(2) 집회가

정운문 작사
정민섭 작곡

밝게(♪=116)

우리는 법-당에 모-두모-였네-
우리는 불-전에 모-두모-였네-

대 자비 대광명이 충 만하-신 곳-
대 원력 대보살이 웃 음짓-는 곳-

거룩하신 부처님의 진-리를 배워-
장하옵신 보살님의 원-력을 따라-

무상보리 이루어서 생 사면-하고-
무상불도 이루어서 고 해면-하고-

가 없은 중-생을 제-도하-고 저-
수 많은 중-생을 인-도하-고 저-

거 룩하신 불회상에 같 이모-였 네-
존 엄하신 불도량에 같 이모-였 네-

※ 1절에 있는 가사 중 '성전', '성스러운'의 뜻이 비불교적(성속聖俗으로 구분짓는 것은 일신교적 표현) 단어이기에 개사한 것이오니 양지바랍니다.

(3) 삼귀의 (三歸依)

귀의불 양족존 (歸依佛 兩足尊)
귀의법 이욕존 (歸依法 離欲尊)
귀의승 중중존 (歸依僧 衆中尊)

1) 법정法頂스님 / 2) 최영철 작사
서창업 작곡

엄숙하게 (♩=69)

1) 거룩한 부-처님께 귀의합니다
2) 거룩한 부-처님께 귀의합니다

위 없는 가-르침에 귀의합니다
거룩한 가-르침에 귀의합니다

청정한 승—가에 귀의합니다
거룩한 스-님들께 귀의합니다

※ (1)번 가사는 무소유의 가르침을 펼치다 입적하신 법정스님께서 번역하신 '삼귀의' 입니다.

(4) 찬양합니다

조학유 작사
작곡자 미상

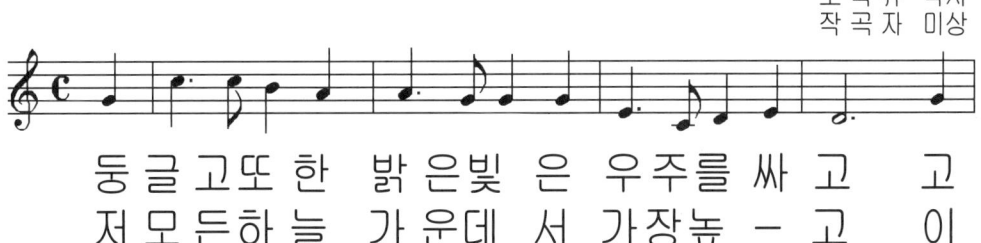

둥글고또한 밝은빛은 우주를싸고 고
저모든하늘 가운데서 가장높 - 고 이

르고다시 넓은덕은 만물을길러 억
넓은세상 만류중에 제일귀하사 지

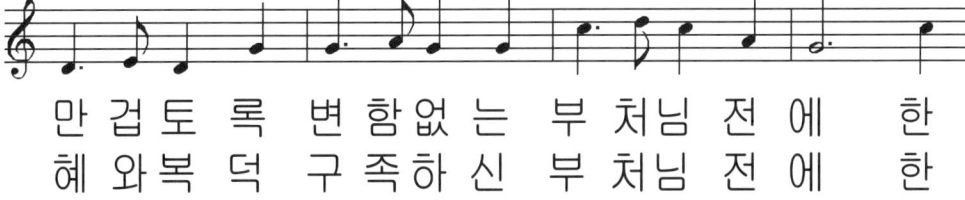

만겁토록 변함없는 부처님전에 한
혜와복덕 구족하신 부처님전에 한

마음함께 기울여서 찬양합니다
마음함께 기울여서 찬양합니다

(5) 마하반야바라밀다심경
摩訶般若波羅蜜多心經

관자재보살 행심반야바라밀다시 조견오온개공 도
觀自在菩薩 行深般若波羅蜜多時 照見五蘊皆空 度

일체고액 사리자 색불이공 공불이색 색즉시공 공
一切苦厄 舍利子 色不異空 空不異色 色卽是空 空

즉시색 수상행식 역부여시 사리자 시제법공상 불
卽是色 受想行識 亦復如是 舍利子 是諸法空相 不

생불멸 불구부정 부증불감 시고 공중무색 무수상
生不滅 不垢不淨 不增不減 是故 空中無色 無受想

행식 무안이비설신의 무색성향미촉법 무안계 내
行識 無眼耳鼻舌身意 無色聲香味觸法 無眼界 乃

지 무의식계 무무명 역무무명진 내지 무노사 역무
至 無意識界 無無明 亦無無明盡 乃至 無老死 亦無

노사진 무고집멸도 무지역무득 이무소득고 보리
老死盡 無苦集滅道 無智亦無得 以無所得故 菩提

살타 의반야바라밀다고 심무가애 무가애고 무유
薩埵 依般若波羅蜜多故 心無罣碍 無罣碍故 無有

공포 원리전도몽상 구경열반 삼세제불 의반야바
恐怖 遠離顚倒夢想 究竟涅槃 三世諸佛 依般若波

라밀다 고득아뇩다라삼먁삼보리 고지 반야바라밀
羅蜜多 故得阿耨多羅三藐三菩提 故知 般若波羅蜜

다 시대신주 시대명주 시무상주 시무등등주 능제
多 是大神呪 是大明呪 是無上呪 是無等等呪 能除

일체고 진실불허 고설 반야바라밀다주 즉설주왈
一切苦 眞實不虛 故說 般若波羅蜜多呪 卽說呪曰

『아제 아제 바라아제 바라승아제 모지 사바하』(3번)

(6) 청법가

차경심심의(此經甚深意)
대중심갈앙(大衆心渴仰)
유원대법사(唯願大法師)
광위중생설(廣爲衆生說)

이광수 작사
이찬우 작곡

덕높-으신 스-승님   사자-좌에 오르사--

사 자-후를 합-소서   감로-법을 주-소서

옛 인연 을 이 어서   새 인연을 맺-도록

대 자-비를 베-푸사   법을-설하옵-소서

(7) 입정(入定)

　입정은 법문을 듣기 위하여 몸의 자세를 바르게 하고 마음을 밝고 고요하게 하는 것을 말한다.
　마치 물이 맑고 잔잔하면 사물의 그림자가 선명하게 나타나듯이 마음이 맑고 잔잔해야 법문의 뜻이 가슴 깊숙히 와 닿는다. 그러므로 입정 시간은 넉넉히 할수록 바람직하다.
　몸의 자세와 마음가짐은 좌선할 때와 같이 하면 된다.

(8) 설법(說法)

　설법이란, 법을 설하는 법사가 부처님을 대신하여, 경전에 근거한 설법이나 스스로 터득한 깨달음의 경지를 설하는 것을 말한다.
　법문 내용이 알고 있는 것으로서 너무 쉽다고 생각될 때엔 자신의 행동과 생활이 부처님 가르침과 일치하고 있는가를 돌이켜 보면서 깊고 깊은 뜻을 온전히 자기 것이 되도록 겸허하고 성실하게 마음을 써야 한다. 반면 너무 생소하거나 어렵다고 느껴질 때엔 자신의 견해와 안목을 넓고 깊게 하려는 진지한 자세로 경청하여 부처님의 참뜻을 바르게 이해하려는 진중한 뜻을 지녀야 한다.
　법사를 모시지 않고 신도들만의 법회일 경우엔 경전의 한 부분을 낭독(독송)하거나 사전에 한 사람이 연구하여 발표하는 방법도 바람직하다.

(9) 정근(精勤, 137p 참조)

(10) 발원문 봉독(축원)

　법사를 모시고 봉행하는 법회일 경우에는 먼저 법주인 법사가 법회축원을 행하고, 불자들끼리의 법회일 경우에는 때와 장소에 맞는 발원문을 낭송하면 된다.

(11) 사홍서원(四弘誓願)

중생무변서원도(衆生無邊誓願度)
번뇌무진서원단(煩惱無盡誓願斷)
법문무량서원학(法門無量誓願學)
불도무상서원성(佛道無上誓願成)

최영철 글
서창업 편곡

찬불가편

진실을 진실 아닌 것으로 보고

거짓인 것을 진실로 생각하면,

이것은 진정 잘못된 소견이니,

그는 참다운 이익을 얻지 못하리라.

그러나 진실을 진실인줄 알고,

진실 아닌 것을 진실 아닌 줄 알면

이야말로 진정 바른 소견이니,

그는 반드시 좋은 이익을 얻는다.

감로법을 전하자

보현행원

정운문 작사
정민섭 작곡

간절하게 (♩=72)

내 이제 두손-모아 청하옵나-니
내 이제 엎드-려서 원하옵나-니

시방세계 부처-님 우주대-광-명
영겁토록 열반-에 들지맙-시-고

두 눈어둔 이내 맘 굽어살피-사
이 세상의 중생을 굽어살피-사

위-없는 대법-문을 널리여-소-서
삼계화택 심한-고난 구원하-소-서

찬불가 · 281

허공계와 중생-계가 다할지라- 도

오늘-세운 이 서-원은 끝없사-오-리

부처님께 귀의합니다

조용국 작사
변규백 작곡

부처 님 부-처 님 거룩 하신-부-처 님 저-
부처 님 부-처 님 자비 하신-부-처 님 저-

이제 - 발원하오니 이 원 을 들으소 서
이제 - 합장하오니 가피 를 내리소 서   나무

아 -미 타 - - 불 중생 의 이-원 을 들-

어 주-소 서 나무 아 미 타 불 나-무 아 미 타

불 부처 님 께 귀의합니 다

불교도의 노래

새법우 환영가

정다운 작사
서창업 작곡

부처님의 은덕으로 참-나를 찾으니
먼길이나 험한길도 다-같이 도우며

오늘부터 온-우주에 주인이되었네
우리들은 형-제자매 손잡고갑시다

어진맘과 참된힘을 다-받쳐줄 법우들
서로서로 사랑하고 서-로용서 하면은

한겨레의 짙-은피로 보련화피우세
사바세계 이-대로가 극락-이라네

예불가

정운문 작사
정민섭 작곡

찬불가 · 293

사홍서원

중생을 다 건지오리다.
번뇌를 다 끊으오리다.
법문을 다 배우오리다.
불도를 다 이루오리다.

四弘誓願

衆生無邊誓願度
煩惱無盡誓願斷
法門無量誓願學
佛道無上誓願成

경전을 간행하고 독경하는 열가지 공덕

1. 전생에 지은 죄업이 곧 소멸되고 무거운 것은 가벼워진다.
2. 항상 선신이 보호하여 삼재팔난에서 벗어난다.
3. 전생의 원수들이 원결을 풀어 보복이 없어진다.
4. 삿된 기운이 침해를 받지 않는다.
5. 몸과 마음이 안락하고 꿈자리가 상서롭다.
6. 의식이 풍족해지고 가정이 화목해진다.
7. 사람들이 친근감을 갖게 되고 대중들의 공경예배를 받게 된다.
8. 지혜가 자라나고 질병이 소멸된다.
9. 장애자로 태어나지 않고 좋은 상호를 갖추게 된다.
10. 임종 후에는 정토에 태어나 열반의 길에 오른다.

예불독송집

초판발행 불기2545(2001)년 8월 30일
7판발행 불기2567(2023)년 10월 30일

펴낸곳 / **불교서원** 佛敎書院
펴낸이 / 문선우
편집인 / 안미화
마케팅 / 무진아
광주광역시 동구 동계천로 95번길34
대표전화:(062)226-3056 전송:5056
출판등록번호 : 제 105-01-0160호

값 8,000원

전법을 위한 법공양품은 특별가격으로 제작해드립니다.